CRIATIVIDADE

Osho

CRIATIVIDADE
Liberando sua Capacidade de Invenção

Tradução
MILTON CHAVES DE ALMEIDA

Editora Cultrix
SÃO PAULO

Título original: *Creativity – Unleashing the Forces Within*.

Copyright © 1999 Osho International Foundation, Suíça.

Publicado mediante acordo com a Osho International Foundation, Bahnhofstr, 52, 8001 Zurique, Suíça – www.osho.com.

Copyright da edição brasileira © 2001 Editora Pensamento-Cultrix Ltda.

1ª edição 2001. — 9ª reimpressão 2018.

O material que compõe este livro foi selecionado a partir de várias palestras dadas por Osho a uma plateia ao vivo. Todas as palestras de Osho foram publicadas na íntegra em forma de livro e também estão disponíveis em gravações originais. As gravações e os arquivos de textos completos podem ser encontrados na **OSHO** Library, em www.osho.com.

Todos os direitos reservados. Nenhuma parte deste livro pode ser reproduzida ou usada de qualquer forma ou por qualquer meio, eletrônico ou mecânico, inclusive fotocópias, gravações ou sistema de armazenamento em banco de dados, sem permissão por escrito exceto nos casos de trechos curtos citados em resenhas críticas ou artigos de revistas.

Capa: "Osho Signature Art" – Arte da capa de Osho.

OSHO é uma marca registrada da Osho International Foundation, usada com a devida permissão e licença.

Quaisquer fotos, imagens ou arte final de Osho, pertencentes à Osho Foundation ou vinculadas a ela por copyright e fornecidas aos editores pela OIF, devem conter uma permissão explícita da Osho Foundation para seu uso.

A Editora Cultrix não se responsabiliza por eventuais mudanças ocorridas nos endereços convencionais ou eletrônicos citados neste livro.

Dados Internacionais de Catalogação na Publicação (CIP)
(Câmara Brasileira do Livro, SP, Brasil)

Osho, 1931-1990.
    Criatividade : liberando sua capacidade de invenção / Osho ; tradução Milton Chaves de Almeida. -- São Paulo : Cultrix, 2016.

Título original: Creativity : unleashing the forces within
8ª reimpr da 1ª ed. de 2001.
ISBN 978-85-316-0694-6

1. Autoajuda - Aspectos religiosos 2. Conduta de vida 3. Criatividade 4. Osho - Ensinamentos 5. Realização pessoal I. Título.

16-09026   CDD-299.93

Índices para catálogo sistemático:

1. Criatividade : Ensinamentos de Osho :
Religiões de natureza universal   299.93

Direitos de tradução para o Brasil adquiridos com exclusividade pela
EDITORA PENSAMENTO-CULTRIX LTDA., que se reserva a
propriedade literária desta tradução.
Rua Dr. Mário Vicente, 368 – 04270-000 – São Paulo, SP
Fone: (11) 2066-9000 – Fax: (11) 2066-9008
http://www.editoracultrix.com.br
e-mail: atendimento@editoracultrix.com.br
Foi feito o depósito legal.

Sumário

Prefácio
A Essência da Liberdade 7

Preparando o Terreno
   Os Três Cs 13
   Relaxe Enquanto Age 16
   Aja em Harmonia com a Natureza 44

Cinco Obstáculos
   1. Autoconsciência 51
   2. Perfeccionismo 82
   3. Intelecto 89
   4. Crença 99
   5. O Jogo da Fama 114

Quatro Chaves
   Volte a Ser Criança 119
   Mantenha-se Disposto a Aprender 129
   Procure a Felicidade nas Coisas Simples 132
   Seja um Sonhador 141

Quatro Questões
    Memória e Imaginação 147
    Depressão Pós-parto 168
    Criatividade e Cruzamento 175
    A Arte de Enriquecer 183

Criação
O Fundamento da Criatividade, O Sentido da Vida 193

Sobre Osho 204

OSHO International Meditation Resort 205

Prefácio

A Essência da Liberdade

A criatividade é a maior forma de rebeldia da existência. Se deseja criar, você tem que se livrar de todos os condicionamentos; do contrário, sua criatividade não passará de mera imitação, será apenas uma simples cópia de algo. Você consegue ser criativo somente como indivíduo, você não pode ser criativo como parte da psicologia das massas. A mentalidade coletiva não tem criatividade; seus membros levam uma vida enfadonha; eles não conhecem realmente a dança, a melodia, a alegria; são seres mecânicos.

A pessoa que pretenda ser criativa não pode seguir o mesmo caminho dos outros, uma senda excessivamente trilhada e batida. Ela tem que descobrir seu próprio caminho, tem que pesquisar nas selvas da vida. Ela tem que caminhar só; tem que ser um não-conformista com os valores da psicologia das massas, da mentalidade coletiva. Esta é o tipo mais vil das mentalidades do mundo – mesmo as dos chamados idiotas são superiores à da idiotice coletiva. Mas o senso de coletividade tem suas recompensas: ele ajuda a respeitar, a honrar as pessoas quando elas insistem que o caminho da mentalidade coletiva é o único e correto caminho.

> A pessoa que pretenda ser criativa não pode seguir o mesmo caminho dos outros, uma senda excessivamente trilhada e batida. Ela tem que caminhar só; tem que ser um não-conformista com os valores da psicologia das massas, da mentalidade coletiva.

Foi por mera e simples necessidade que, no passado, os criadores de todos os tipos – pintores, dançarinos, músicos, poetas, escultores – tiveram que renunciar à respeitabilidade. Eles tiveram que levar uma espécie de vida de boêmio, de vagabundo; era a única possibilidade que tinham de serem criativos. As coisas não precisam ser assim no futuro. Se você me entende, se sente que o que eu estou dizendo é verdadeiro, então no futuro todos deveriam viver individualmente, e não haverá necessidade de se levar uma vida extravagante. Esse tipo de vida é o subproduto de uma vida fixa, ortodoxa, convencional, respeitável.

Meus esforços são para destruir a mentalidade coletiva e tornar livre todas as pessoas, para que elas sejam eles ou elas mesmas. Assim, acabam-se os problemas; então, você pode viver como quiser. Aliás, a humanidade somente nascerá, de fato, no dia em que cada pessoa for respeitada em sua rebeldia. A humanidade ainda não nasceu; ela ainda está no útero. Aquilo que você vê como humanidade é apenas uma ilusão, uma espécie de truque para desviar-nos a atenção do que é real. A menos que demos liberdade a todas as pessoas, liberdade absoluta para que cada uma delas seja ela mesma, para que possa viver a seu próprio modo... E, logicamente, ela não pode interferir na vida de ninguém – isso faz parte da liberdade. Ninguém deve tolher a liberdade de outrem.

Mas, no passado, todo mundo metia o nariz nos assuntos dos outros – até mesmo em coisas absolutamente pessoais, sem nenhuma relação com a sociedade. Por exemplo, você se apaixona por uma mulher; o que isso tem a ver com a sociedade? É um fenômeno puramente pessoal e não um produto exposto em feira-livre, para que todos o examinem e avaliem. Quando duas pessoas concordam em viver em comunhão amorosa, a sociedade não deve se intrometer nisso. Mas a sociedade se intromete no assunto com toda a sua parafernália, de forma direta, ou de forma indireta. O policial se posta entre os amantes, o magistrado, entre os amantes. E, quando isso não basta, as sociedades criam um superpolicial, um deus, para tomar conta de você.

Essa idéia de Deus é como a de um bisbilhoteiro que não respeita sua privacidade nem mesmo no banheiro, que não pára de espiar através do buraco da fechadura, a observar o que você está fazendo. Isso é horrível! Todas as religiões do mundo afirmam que Deus o observa constantemente – isso é feio. Que Deus é esse? Ele não tem nada para fazer que não seja observar todo mundo, seguir todo mundo? Esse Deus mais parece o detetive absoluto!

A humanidade precisa de uma nova terra – uma terra de liberdade. O modo de vida extravagante foi uma reação, uma reação necessária, mas, se minha visão prevalecer, não haverá extravagância, pois não haverá mais o que se chama de mentalidade coletiva tentando dominar as pessoas. Então, todos ficarão à vontade consigo mesmos. Obviamente, você não pode se intrometer nos assuntos de ninguém – e, no que diz respeito à sua vida, você deve vivê-la como quiser.

Com isso, haverá somente criatividade. A criatividade é a essência da liberdade individual.

A pessoa criativa é aquela que tem introspecção, que consegue ver coisas que nenhuma outra viu antes, que ouve coisas que ninguém ouviu antes – nela, sim, há criatividade.

PREPARANDO O TERRENO

Assim que a doença desaparece, todos se tornam criativos. Que isso seja entendido tão bem quanto possível: somente as pessoas doentes são destrutivas. As pessoas saudáveis são criativas. A criatividade é a essência da verdadeira saúde. Quando uma pessoa é realmente saudável, a criatividade lhe vem naturalmente; ocorre-lhe o impulso para criar.

OS TRÊS CS

A humanidade chegou a uma encruzilhada. Nós temos levado uma vida de homem de primeira dimensão, e esgotamos todas as possibilidades dela. Agora, precisamos de um ser humano mais rico, da terceira dimensão. Eu a chamo de dimensão dos três Cs, assim como no caso dos três Rs* – o primeiro C é o da consciência; o segundo C é o da compaixão; o terceiro é o C da criatividade.

---

* Em inglês, *reading* [leitura], (*w*)*riting* [escrita] e (*a*)*rithmetic* [aritmética], como base da educação fundamental. (N. do T.)

> Você pode atingir uma culminância elevadíssima se você for unidimensional, mas isso será apenas uma culminância. Eu gostaria que você se tornasse toda a cadeia de montanhas do Himalaia, e não apenas um cume, mas cumes sobre cumes.

A consciência é existência, a compaixão, sentimento, a criatividade, ação. Minha visão do novo ser humano tem que abranger as três ao mesmo tempo. Eu estou lhe propondo o maior desafio que já se fez, a tarefa mais difícil de realizar. Você tem que ser tão meditativo quanto um Buda, tão amoroso quanto um Krishna, tão criativo quanto Michelangelo, Leonardo da Vinci. Você tem que ser todos eles ao mesmo tempo. Só assim sua plenitude se realizará; do contrário, você continuará a sentir falta de algo. E o que estiver faltando em você o manterá desequilibrado, insatisfeito. Você pode atingir uma culminância elevadíssima se for unidimensional, mas isso será apenas uma culminância. Gostaria que você se tornasse toda a cadeia de montanhas do Himalaia, e não apenas um cume, mas cumes sobre cumes.

O homem unidimensional fracassou. Ele não foi capaz de criar um planeta belo, não foi capaz de criar o Paraíso na Terra. Ele fracassou, fracassou completamente! Conseguiu criar umas poucas pessoas belas, não conseguiu transformar a humanidade como um todo, não foi capaz de desenvolver a consciência de toda a humanidade. Somente algumas pessoas aqui e acolá se tornaram iluminadas. Isso não vai ajudar ninguém. Precisamos de mais pessoas iluminadas, e iluminadas tridimensionalmente.

Essa é a minha definição do novo homem.

Buda não foi poeta – mas a nova humanidade, as pessoas que agora se tornaram budas, se tornará poeta. Quando digo "poeta", não quero dizer com isso que você tem que compor poemas – você tem que ser poético. Sua vida tem que ser poética, seu trato da vida tem que ser poético.

A lógica é aridez, a poesia é vida. A lógica não sabe dançar; para a lógica, a dança é algo impossível de realizar. Ver a lógica bailar seria o mesmo que ver Mahatma Gandhi dançar! Seria algo muito ridículo. A poesia sabe dançar; a poesia é o balé do coração. A lógica não sabe amar – ela consegue falar sobre amor, mas não sabe amar; para ela, o amor parece ilógico. Só a poesia é capaz de amar, só a poesia se aventura no paradoxo do amor.

A lógica é fria, muito fria; ela é boa onde a matemática é relevante, mas é ruim onde o que importa é a humanidade. Se a humanidade se torna lógica demais, a humanidade desaparece; aí, avultam e predominam os números, não os seres humanos – números substituíveis.

A poesia, o amor e o sentimento lhe fornecem profundidade, calor humano. Você se torna mais flexível, perde a frieza. Você se torna mais humano. O iluminado é um super-homem; não há dúvida a respeito disso. Mas falta-lhe a dimensão humana. O iluminado é sobrenatural. Há beleza nessa sua condição, mas ele não tem a beleza que Zorba, o grego, tem. Zorba é tão natural... Eu gostaria que você fosse os dois ao mesmo tempo – Zorba, o Buda. A pessoa tem que ser meditativa, mas não contrária ao sentimento. Ela tem que ser contemplativa, mas abundar em sentimento, transbordar de amor. E tem que ser criativa também. Se seu amor é apenas sentimento e não é transformado em ação, não influenciará os outros seres humanos. Você tem que torná-lo real, tem que materializá-lo.

Eis as suas três dimensões: existência, sentimento, ação. Na ação, há criatividade, toda espécie de criatividade – música, poesia, pintura, escultura, arquitetura, ciência, tecnologia. No sentimento, tudo é estético – amor, beleza. E existir é meditar, ter conhecimento, interesse, consciência.

RELAXE ENQUANTO AGE

Antes de tudo, o tipo de atividade e as tendências ocultas que ela carreia precisam ser entendidas; do contrário, nenhum relaxamento é possível. Mesmo que você queira relaxar, isso será impossível se você não tiver percebido, observado, ponderado, a natureza de sua atividade, pois a atividade não é um fenômeno simples. Muitas pessoas gostam de relaxar, mas não conseguem. O relaxamento é como um florescimento; você não pode forçá-lo. Você precisa entender o fenômeno inteiro – por que você é tão ativo, por que tanta ocupação e atividade, por que você está obcecado por isso.

Lembre-se destas duas palavras: uma delas é *ação*; a outra é *atividade*. Ação não é atividade; atividade não é ação. A natureza de ambas é diametralmente oposta. Existe ação quando determinada situação a exige, e você age, reage. Há atividade na situação em que esta última, para você, é irrelevante, em que a atividade não é reação; você se sente tão inquieto, que essa situação é apenas um pretexto para você ficar ativo.

A ação promana de uma mente silenciosa – é a coisa mais bela do mundo. A atividade resulta de uma mente inquieta – é a coisa mais horrenda que existe. Há ação quando esta é relevante; atividade é algo sem importância. A ação ocorre de momento para momento, espontaneamente; a atividade é algo pejado das coisas passadas. Não é uma reação

Buda é sobrenatural. Há beleza nessa sua condição, mas ele não tem a beleza que Zorba, o grego, tem. Zorba é tão natural... Eu gostaria que você fosse os dois ao mesmo tempo – Zorba, o Buda.

A pessoa tem que ser meditativa, mas não contrária ao sentimento.

ao momento atual; ao contrário, é o extravasamento de sua inquietação, a qual você vem trazendo do passado para o presente. A ação é criativa. A atividade é muito destrutiva – ela o destrói, e destrói os outros.

Tente perceber essa diferença sutil. Por exemplo, você sente fome e, então, você come – isso é ação. Mas você não se sente faminto, não se sente nem um pouco faminto, e mesmo assim você continua comendo – isso é atividade. Esse ato de comer é um tipo de violência: você destrói o alimento, pressiona os dentes uns contra os outros e destrói o alimento; isso lhe proporciona algum alívio de sua inquietação íntima. Você está comendo não por causa da fome; você está comendo simplesmente por causa de uma necessidade íntima, um estímulo para ser violento.

No mundo animal, a violência está relacionada com a boca e as mãos, as unhas e os dentes; esses dois conjuntos são fatores de violência no reino animal. Enquanto você come, ambos se juntam; com as mãos, você pega o alimento, e com a boca, você o come – a violência é liberada. Mas, quando não há fome, isso não é *ação*; é doença. Essa atividade é obsessão. Obviamente, você não pode continuar comendo dessa forma, pois, assim, você explodirá. Por isso, as pessoas inventaram alguns truques: elas mastigam tabaco ou mascam chiclete, fumam cigarro. Isso é alimento falso, sem nenhum valor nutritivo, mas funcionam bem, já que se trata de um meio de lidar com a violência em nós.

O relaxamento é como um florescimento; você não pode forçá-lo. Você precisa entender o fenômeno inteiro – por que você é tão ativo, por que tanta ocupação e atividade, por que você está obcecado por isso.

Um homem sentado e mascando chiclete, o que ele está fazendo? Ele está matando alguém. Em sua mente, se ele se tornar consciente disso, ele pode fantasiar a idéia de que está cometendo assassinato, matando – mas ele está mascando chiclete, atividade muito inocente em si mesma. Você não está prejudicando ninguém – mas isso é muito perigoso para você, pois você parece completamente inconsciente do que está fazendo. Um homem fumando, o que ele está fazendo? Muito inocente, até certo ponto; apenas inalando a fumaça e a exalando, inalando e exalando – uma espécie de *pranayama** malfeito, e um tipo de meditação transcendental secular. Ele está criando um mandala: ele inala a fumaça, expele-a, inala-a, expele-a – um mandala é criado, um círculo. Pelo ato de fumar, ele está como que recitando uma espécie de salmo, fazendo uma cantilena ritmada. Isso alivia; sua inquietação íntima diminui um pouco.

Quando estiver conversando com alguém, lembre-se sempre – isto é quase cem por cento exato – se a pessoa começa a dar mostras de que deseja fumar, isso significa que ela está enfastiada, e você deveria afastar-se ou despedir-se dela. Se pudesse, ela o expulsaria da presença dela; isso não pode ser feito, seria muito indelicado. Ela procura o cigarro e diz: "Agora, chega! Não agüento mais." No reino animal, ela teria saltado sobre você, mas não pode fazer isso – ela é um ser humano, civilizada. Ela "salta" sobre o cigarro, e começa a fumar. Agora, ela já não se preocupa com você; agora, ela está envolta em seu próprio e fumarento cântico. Isso alivia.

Mas essa atividade demonstra que ela está obcecada. Ela não consegue continuar sendo ela mesma; não consegue permanecer silente, não consegue permanecer inativa. Por meio da atividade, ela se vê na possibilidade de expelir de si a sua loucura, insanidade.

---

* Termo oriundo do sânscrito que significa "controle da respiração". No sistema iogue da filosofia indiana, o quarto dos oito estágios que conduzem o aspirante ao *samadhi*, estado de concentração perfeita. (N. do T.)

Ação é beleza, ação resulta de uma reação espontânea. A vida precisa de reação, e a todo momento você precisa agir, mas a atividade vem pelo momento atual. Você se sente faminto e procura comida; você sente sede e vai à fonte de água. Você está se sentindo sonolento e vai dormir. É em razão da plenitude da situação que você age. Ação é algo espontâneo e pleno.

A atividade jamais é espontânea; ela é oriunda do passado. É possível que você a venha acumulando há muitos anos, e ela acaba explodindo no presente – embora ela não seja relevante. Mas a mente é astuta; ela sempre achará motivos para a prática da atividade. A mente sempre tentará provar que isso não é atividade; que isso é ação; que é necessário. De repente, você explode de raiva. Todos à sua volta percebem que isso não era necessário, que a situação não exigia isso, que a coisa era simplesmente insignificante – mas o fato é que você não consegue entender isso. Todos observam: – Que você está fazendo? Não havia necessidade disso. Por que você está tão furioso? – Mas você acha razões para isso, conclui que isso é necessário.

Essas razões o ajudam a permanecer inconsciente de sua loucura. Essas coisas são o que George Gurdjieff costumava chamar de "amortecedores". Você cria "amortecedores" do raciocínio em torno de você para que não perceba a realidade da situação. Amortecedores são mecanismos usados em trens, entre dois vagões; amortecedores são usados para que, em caso de paradas súbitas, os passageiros não sofram toda a intensidade do choque. Os amortecedores absorvem o choque. Sua atividade é sempre irrelevante, mas seus amortecedores do raciocínio não permitem que você enxergue a situação. Os amortecedores o cegam, e esse tipo de atividade continua.

Se a atividade existe, você não consegue relaxar. Como você poderia relaxar? – por ser uma necessidade obsessiva, você sempre quer fazer algo, seja o que for. Existem tolos no mundo inteiro que não param de dizer: "Faça algo, em vez de não fazer nada." E há também idiotas completos que espalharam este provérbio por toda a Terra: "A mente vazia é a oficina do diabo." Não é! A mente vazia é a oficina de Deus. A mente vazia é a coisa mais bela do mundo, a mais pura delas. Como pode a mente vazia ser a oficina do diabo? O diabo não pode entrar numa mente vazia, é impossível! O diabo só consegue entrar na mente que está obcecada por atividades – então, ele consegue dominá-lo, consegue mostrar formas e meios e métodos para que você fique mais ativo. O diabo jamais diz: "Relaxe!" Ele diz: "Por que você está desperdiçando seu tempo? Faça algo, homem – mexa-se! A vida está passando, faça algo!" E todos os grandes instrutores, instrutores que despertaram para a verdade da vida, acabaram percebendo que a mente vazia dá espaço ao divino, para que ele entre em você.

A atividade pode ser usada pelo diabo, não a mente vazia. Como o diabo pode usar uma mente vazia? Ele não se atreverá a se aproximar, pois o vazio simplesmente o destruirá. Mas, quando você está tomado por um impulso forte, um louco impulso para tornar-se ativo, o diabo assume o comando. Assim, ele passa a guiá-lo – então, ele se torna seu único guia.

Gostaria de dizer-lhes que esse provérbio é absolutamente equivocado. O próprio diabo o deve ter inspirado.

Essa obsessão de ser ativo tem que ser observada. E você precisa observá-la em sua própria vida, pois tudo o que diga não lhe será de muito significado, a menos que você veja em si mesmo que sua atividade é irrelevante, é desnecessária. Por que você está fazendo isso?

Em minhas viagens, tenho visto pessoas fazendo sempre as mesmas coisas. Durante 24 horas, fico com um passageiro no trem. Ele lê o mesmo jornal várias vezes, e não encontra nada mais para fazer. Confinado numa cabine de passageiros, não há muita possibilidade para ser ativo. Assim, ele lê o mesmo jornal inúmeras vezes. E eu fico observando... O que esse homem está fazendo?

Um jornal não é um Gita* ou uma Bíblia. Você pode ler o Gita muitas vezes, pois, cada vez que o faz, você descobre um novo significado. Mas um jornal não é um Gita; ele acaba assim que você passa os olhos sobre ele! E ele não vale a pena ser lido nem mesmo uma vez, mas as pessoas o continuam lendo. Uma vez após outra, elas tornam a lê-lo. Qual o problema aí? É uma necessidade? Não – elas estão obcecadas; não conseguem permanecer caladas, inativas. Isso é impossível para elas; isso lhes parece a própria morte. Elas têm que estar ativas.

O fato de ter viajado durante muitos anos me deu muitas oportunidades para observar pessoas sem que elas soubessem disso, pois, às vezes, somente uma pessoa viajava comigo na cabine. E ela fazia todo tipo de esforço para me fazer conversar com ela, e eu respondia apenas sim ou não; e ela acabava desistindo da idéia. Então, eu passava apenas a observar – uma bela experiência, e não me custava um centavo! Eu a ficava observando: ela abria a pasta – e eu via que ela não estava fazendo nada – em seguida, ela olhava brevemente o interior e a fechava. Depois, abria a janela, e a fechava a seguir. Mais adiante, o homem tornava a se ocupar com o jornal, e fumava, e abria a pasta, e a arrumava, e abria a janela, e olhava a paisagem. O que ele está fazendo? E por quê? Um impulso interior, algo freme dentro dele, um estado mental febril. Ele tem que fazer algo; do contrário, estará perdido. Ele deve ser um homem ativo; agora, há

E há também
idiotas completos
que espalharam este
provérbio por toda a
Terra: "A mente vazia
é a oficina do
diabo." Não é!
A mente vazia é
a oficina de Deus.

---

* Upanishade. Livro, texto sagrado da religião e filosofia hinduísta. (N. do T.)

um momento para relaxar – ele não consegue relaxar, o velho hábito predomina.

Consta que Aurangzeb, imperador mongol, aprisionou seu velho pai. O pai de Aurangzeb, Shah Jahan, construiu o Taj Mahal. O filho o aprisionou, o destronou. Consta também que – e isto está escrito na autobiografia de Aurangzeb – depois de alguns dias Shah Jahan deixou de preocupar-se com a prisão, pois toda regalia lhe foi concedida. A prisão era um palácio, e Shah Jahan estava vivendo como vivera antes. Ela não parecia uma prisão; absolutamente tudo de que ele precisava havia ali. Somente uma coisa estava faltando, e era atividade – ele não podia fazer nada. Assim, ele pediu a seu filho Aurangzeb: – Sim, você tem me fornecido tudo, e tudo é muito bom. Mas há uma coisa pela qual eu lhe serei grato para todo o sempre se você puder me atender, e essa coisa é: envie-me trinta jovens. Eu gostaria de lecionar-lhes.

Aurangzeb não conseguiu acreditar no que ouviu: "Por que meu pai gostaria de dar aulas a trinta jovens?" Ele jamais tinha demonstrado nenhuma inclinação para ser professor, jamais se interessara por nenhum tipo de educação, o que havia acontecido com ele? Mas o imperador satisfez o desejo do pai. Trinta jovens foram enviados a Shah Jahan, e tudo ficou bem – ele se tornou imperador outra vez, com os trinta pequenos jovens. Você entra para a escola primária, e o professor é quase um imperador. Você pode ordenar que eles se sentem, e eles terão

> Quando você quer escalar o pico mais alto da montanha, é difícil. E quando você chegou ao pico e se deitou, assobiando com as nuvens, olhando para o céu, a alegria que enche seu coração – essa alegria sempre vem toda vez que você alcança algum pico de criatividade.

que se sentar; você pode mandar que se levantem, e eles terão que se levantar. E, naquele cômodo, ele criou com os trinta jovens todo o ambiente de sua corte – simplesmente o velho hábito e o vício inveterado de dar ordens a pessoas.

Aliás, os psicólogos suspeitam de que os professores são como políticos. Logicamente, não muito confiantes em si mesmos a ponto de entrarem para a política – eles vão para as escolas, e lá se tornam presidentes, primeiro-ministros, imperadores. Crianças pequenas – e eles lhes dão ordens e as forçam a fazer isso ou aquilo. Os psicólogos suspeitam também que os professores têm certa inclinação para o sadismo, de que eles gostam de torturar os alunos. E para isso não se pode achar um lugar melhor do que a escola primária. Talvez ocorra o fato de se torturarem crianças inocentes – e pode ser que se faça isso achando-se que é para o próprio benefício, o próprio bem delas. Vá e veja! Eu tenho visitado escolas primárias e venho observando os professores. Os psicólogos apenas suspeitam disso – eu tenho *certeza* de que eles são torturadores! E não se pode achar vítimas mais inocentes, completamente inermes; elas não conseguem nem mesmo reagir. Elas são muito frágeis e impotentes – e o professor assume a atitude de um imperador.

Uma pessoa relaxada é simplesmente despreocupada, e a energia começa a acumular-se nela. Ela economiza a própria energia, ela é preservada automaticamente, e, quando chega o momento de agir, todo o seu ser participa do fenômeno.

Aurangzeb escreve em sua autobiografia: "Meu pai, simplesmente por causa de velhos hábitos, continua querendo fantasiar que ainda é o imperador. Portanto, deixe-o fingir e enganar a si mesmo, não há nada errado nisso. Enviem trinta ou trezentos garotos, quantos ele queira. Deixe que ele administre uma pequena escola e seja feliz."

Há atividade quando a ação não tem nenhuma importância. Observe em si mesmo e veja: 90% de sua energia é desperdiçada com atividades. E, por causa disso, quando chega o momento de agir, você não tem energia. Uma pessoa relaxada é simplesmente despreocupada, e a energia começa a acumular-se nela. Ela economiza a própria energia, ela é preservada automaticamente, e, quando chega o momento de agir, todo o seu ser participa do fenômeno. É por isso que a ação é plena. A atividade é sempre algo a que as pessoas se entregam com certo desânimo, com apenas parte de suas forças, pois como você pode enganar a si mesmo completamente? Mesmo você sabe que isso é inútil. Mesmo você tem consciência de que está fazendo isso por causa de certos motivos que lhe fervilham no íntimo do ser, os quais não estão nem mesmo claros para você, mas, sim, muito vagos.

Você pode mudar de atividade, mas, a menos que as atividades sejam transformadas em ações, isso não ajudará. As pessoas vêm até mim e dizem: "Eu gostaria de parar de fumar." Eu respondo: "Por quê? Essa marca é tão boa. Continue." E, se você parar de fumar, você contrairá outro vício – pois a doença não deixa de ser doença só porque lhe mudam os sintomas. Então, você começará a roer unhas, e depois mascará chiclete – e olhe que existem coisas mais perigosas. Essas são inofensivas, pois, se você está mascando chiclete, você está simplesmente mascando chiclete. Talvez você seja um tolo, mas não é um homem violento, não é alguém que violenta ou prejudica outras pessoas. Se você parar de mascar chiclete, fumar, o que você fará? Sua boca precisa de atividade, ela é violenta. Então, você passará a falar. E falará sem parar, excessivamente – por conta de incontrolável leviandade e bisbilhotice – e isso é mais perigoso ainda!

Preparando o Terreno

A esposa de Mulla Nasruddin veio me visitar um dia desses. Raramente, ela me vem visitar, mas, quando ela vem, eu entendo imediatamente que deve haver algum tipo de crise. Assim, pergunto: "Qual o problema?" Ela precisou de trinta minutos, e de milhares de palavras, para dizer-me: – Mulla Nasruddin fala enquanto dorme. Eu gostaria que você sugerisse algo – o que eu deveria fazer? Ele fala demais, e é difícil dormir no mesmo quarto que ele. E ele grita e diz coisas obscenas.

Eu lhe disse: – Você não deve fazer nada. Simplesmente, dê a ele uma chance para conversar quando vocês dois estiverem acordados.

As pessoas falam sem parar, não dão nenhuma chance a ninguém mais. Falar é o mesmo que fumar. Se você falar durante 24 horas... E você fala mesmo! Enquanto está acordado, você fala; depois, se o corpo cansa, você adormece, mas a falação continua. Durante 24 horas, um dia inteiro, você fala, e fala, e fala. Isso é como fumar, pois o fenômeno é o mesmo: a boca precisa de movimento. E a boca é a causa da atividade básica porque falar foi a primeira atividade que você realizou em sua vida.

A criança nasce, e começa a sugar o seio da mãe – essa é a primeira atividade, e a atividade fundamental. Fumar é quase como sugar o seio da mãe: o caloroso leite entra pela boca... ao fumar, a calorosa fumaça entra pela boca, e o cigarro entre seus dedos lhe parece o seio de sua mãe, o mamilo. E se você não tem como fumar, mascar chiclete, e isso e aquilo, então você fala. E isso é mais perigoso, pois você está atirando seu lixo na mente das outras pessoas.

Você consegue se manter em silêncio durante muito tempo? Os psicólogos dizem que, se você permanecer calado durante três semanas, você começará a falar sozinho. Então, você se dividirá em dois: você falará e, ao mesmo tempo, escutará a si mesmo. E, se tentar manter-se calado durante três meses, você estará pronto para ser levado para o hospício, pois, então, você não se importará se há alguém lá ou não. Você falará, e não fará apenas isso, mas responderá também – agora você está completo, agora você não depende de ninguém. Os lunáticos são assim.

O lunático é a pessoa cujo mundo inteiro está confinado nela mesma. Ele é o interpelante e o interpelado, ele é o ator e o espectador – ele é tudo, todo o seu mundo está restrito a ele mesmo. Ele se dividiu em várias partes, e tudo lhe ficou fragmentado. É por isso que as pessoas têm medo do silêncio – elas sabem que podem ficar loucas. E, se você tem medo do silêncio, isso significa que você tem uma mente obcecada, febril, doentia dentro de você, a qual está sempre pedindo para ser ativa.

A atividade é um meio de fuga de você mesmo. Na ação, *você está*; na atividade, você fugiu de si mesmo – é uma droga. Na atividade, você se esquece de si mesmo, e, quando você se esquece de si mesmo, não há preocupações, angústia, ansiedade. É por isso que você se sente obrigado a se manter continuamente ativo, fazendo uma coisa ou outra, mas jamais inclinado a entrar num estado em que a quietude lhe desponte no íntimo e floresça.

Ação é algo bom. Atividade é ruim. Descubra a diferença dentro de você mesmo: o que é atividade e o que é ação? Esse é o primeiro passo. O segundo passo é envolver-se mais na ação para que sua energia a impregne; e também toda vez que houver atividade para estar mais atento a isso, mais alerta. Se estiver consciente, a atividade cessa. A energia é preservada, e essa mesma energia se transforma em ação.

Ação é algo imediato. Não é algo pré-elaborado, premeditado. Ela não lhe dá a mínima chance de fazer algum preparativo, de passar por algum tipo de ensaio. Ação é sempre algo novo e diferente, como as gotas de orvalho da manhã. E o ser humano que é uma pessoa de ação é também sempre diferente e jovem. Seu corpo pode envelhecer, mas seu espírito de originalidade permanece; seu corpo pode definhar, mas sua juventude prevalece. Seu corpo pode desaparecer, mas ele sobrevive – pois

Preparando o Terreno 27

Deus ama a originalidade. Deus é sempre a favor do novo e do original.

Afaste-se cada vez mais do impulso de envolver-se em atividades. Mas como você pode fazer isso? Você pode tornar esse afastamento uma obsessão. Foi isso que aconteceu aos monges em seus mosteiros: o abandono de atividades tornou-se a obsessão deles. E eles fazem conscientemente algo para abandoná-las – preces, meditação, ioga e outras coisas mais. Ora, isso também é atividade. Você não conseguirá fazer isso dessa forma; isso virá pela porta dos fundos.

Torne-se consciente. Procure sentir a diferença entre ação e atividade. E quando alguma atividade tomar conta de você – em verdade, isso deveria chamar-se de possessão – quando alguma atividade possuí-lo, como um fantasma o faz – a atividade é um fantasma; ela vem do passado; ela está morta – quando alguma atividade possuí-lo e você se tornar inquieto, procure então tornar-se mais ciente de sua situação. É tudo o que você pode fazer. Observe-a. Mesmo que você tenha que realizá-la, faça-o com consciência total disso. Fume, mas fume bem lentamente, com perfeito conhecimento disso, para que você entenda o que está fazendo.

Não se trata do que você faz; trata-se de como o faz.
E é, em última análise, uma questão sobre se você o faz ou deixa que aconteça.

Se você conseguir observar o próprio ato de fumar, algum dia o cigarro cairá inesperadamente de seus dedos, pois todo o absurdo desse hábito lhe será revelado. É algo estúpido; simplesmente estúpido, tolo. Quando perceber isso, ele cai por terra. Você não pode abandoná-lo, pois abandoná-lo é uma atividade. É por isso que ele simplesmente cai, exatamente como uma folha morta cai da árvore... cai; é assim mesmo que ele cai. Se o tiver abandonado, você tornará a contraí-lo de outro jeito, de outra forma.

Deixe que as coisas caiam; não as faça cair. Deixe que a atividade desapareça; não force seu desaparecimento — pois o próprio esforço para forçar seu desaparecimento é atividade sob outro aspecto. Observe, mantenha-se alerta, consciente, e você deparará um fenômeno milagroso: quando algo cai por si mesmo, por livre e espontânea vontade, não deixa nenhum vestígio em você. Se você lhe força a queda, ele deixa seqüelas. Nesse caso, você sempre se gabará de que, embora tivesse fumado durante trinta anos, conseguiu abandonar o vício. Mas essa gabolice não muda nada. Ao falar disso, você está fazendo a mesma coisa — não está fumando, mas falando demais sobre o fato de que parou de fumar. Seus lábios estão novamente em atividade, sua boca está ativa, sua violência está lá.

Se a pessoa realmente entende a questão, as coisas caem — e, então, não pode levar o mérito de que "eu o abandonei". A coisa caiu por si mesma! Você não a abandonou, não a fez cair. Seu ego se enfraquece com isso. E aí cada vez mais ações se tornam possíveis.

E, toda vez que você tiver a oportunidade para agir plenamente, não a perca, não hesite — aja. Aja mais, e deixe que as atividades caiam espontaneamente. Uma transformação lhe ocorrerá aos poucos. Isso leva tempo, precisa de amadurecimento, mas não há necessidade de pressa.

Considere estas palavras de Tilopa*:

Não faça nada com o corpo, exceto relaxar; feche bem a boca e permaneça em silêncio; esvazie a mente e não pense em nada.

"Não faça nada com o corpo, exceto relaxar..." Agora, você pode entender o que significa relaxar. Significa a ausência de impulsos em vo-

---

* Místico do século XI que levou os ensinamentos de Buda da Índia para o Tibete.

Preparando o Terreno 29

cê para realizar alguma atividade. Relaxar não é manter-se deitado como uma pessoa morta – e você não pode ficar deitado como um defunto; você pode apenas fingir. Como você pode ficar deitado como um defunto? Você está vivo, você pode apenas fingir. O relaxamento ocorre quando não há nenhum estímulo para a realização de atividade; a energia permanece na fonte de onde emana, e não indo a toda parte. Se aparece alguma situação, você age, e nada mais, em vez de ficar procurando algum pretexto para agir. Você fica em paz com você mesmo. Relaxar é ficar à vontade.

Eu estava lendo um livro alguns anos atrás. O título do livro era *Você Precisa Relaxar*. Isso é simplesmente absurdo, pois o "precisa" é contrário ao relaxamento – mas livros como esse só se conseguem vender nos Estados Unidos. "Precisa" é sinônimo de atividade, é uma obsessão. Sempre que há um "precisa", há também obsessão por trás disso. Na vida, existem ações, mas nenhum "precisa", pois, de outro modo, o "precisa" gerará loucura. "Você precisa relaxar" – aqui o relaxamento se torna a obsessão. Você tem que assumir essa ou aquela postura, e deitar-se, e sugestionar o corpo dos pés à cabeça; dizer ao pés: "Relaxe!" e depois levantar-se....

O relaxamento ocorre quando não há nenhum "precisa" ou "deve" na sua vida. O relaxamento não envolve apenas o corpo, nem apenas a mente, mas todo o seu ser.

Por que "precisa"? O relaxamento ocorre quando não há nenhum "precisa" ou "deve" na sua vida. O relaxamento não envolve apenas o corpo, nem apenas a mente, mas todo o seu ser.

Você está envolvido em muita atividade, e logicamente está cansado, esgotado, ressequido, murcho. Sua energia vital não flui. Há somente obstáculos, e obstáculos, e obstáculos. E, toda vez que você faz algo, você o faz freneticamente. Lógico que a necessidade de relaxar aparece! É por isso que tantos livros sobre relaxamento são publicados mensalmente. Jamais vi alguém que tenha conseguido relaxar por meio da leitura de um livro sobre relaxamento – em verdade, esse tipo de pessoa fica mais agitada, pois, agora, toda a sua vida de atividade permanece intocável, sua obsessão para ser ativa ainda está lá, a doença está lá, e ela finge que se encontra em estado de relaxamento. Assim, ela se deita, com todo o desassossego em seu íntimo, como um vulcão prestes a entrar em erupção, e ela está "relaxando", seguindo as instruções do livro: "como relaxar."

Não existe livro que possa ajudá-lo a relaxar – a menos que você leia o livro de seu ser interior; aí, o relaxamento não é um "precisa". Relaxamento é ausência, ausência de atividade. E não de *ação* – não há necessidade de mudar-se para o Himalaia – algumas pessoas têm feito isso; para relaxar, elas se mudam para o Himalaia. Qual a necessidade de se mudar para o Himalaia? A ação não deve ser abandonada, pois, se você abandona a ação, você abandona a vida. E aí você estará morto, e não relaxado. No Himalaia, você encontrará filósofos que estão mortos, e não relaxados. Eles fugiram da vida, da ação.

Este é o ponto sutil a ser entendido: a atividade tem que desaparecer, mas a ação não. Abandonar ambas é fácil – você pode abandoná-las e fugir para o Himalaia, é fácil. Ou, então, a outra coisa que é fácil:

> A mente deveria continuar viva e criativa e no entanto deveria ser capaz de se mover no silêncio toda vez que quisesse. Eis a mestria. Quando você quer pensar, você pode pensar, quando você não quer pensar, você pode entrar em não-pensamento. Um verdadeiro mestre é alguém que faz os dois.

você pode continuar em suas atividades e obrigar a si mesmo a relaxar todas as manhãs ou noites, durante alguns minutos. Você não entende a complexidade da mente humana, o seu mecanismo. O relaxamento é um estado. Você não pode impô-lo. Você simplesmente abandona as coisas negativas, os impedimentos, e ele vem, aparece por si mesmo.

Que você faz quando vai dormir à noite? Faz algo? Se faz, você se tornará um insone, você entrará em estado de insônia. Que você faz? Você simplesmente se deita e dorme. Não há nenhuma "atividade" nisso. Se você "fizer" algo, será impossível dormir. Aliás, tudo o que é preciso para adormecer é que a continuidade das atividades do dia cessem na mente. Só isso! Quando a atividade não está lá, na mente, a mente relaxa, e o sono vem. Se você fizer algo para adormecer, fracassará, será impossível conciliar o sono.

Não é necessário fazer algo, absolutamente. Tilopa afirma: "Não faça nada com o corpo, exceto relaxar." Não faça nada! Nenhuma postura iogue é necessária, nenhuma torcedura e contorção do corpo são necessárias. "Não faça nada!" – apenas a ausência de atividade é necessária. E como isso virá? Virá pelo entendimento. O entendimento é a única disciplina. Entenda suas atividades, que, de repente, no meio da atividade, você toma consciência dela, e ela cessa. Se você toma consciência do porquê de a estar realizando, ela cessa. Essa interrupção é o que Tilopa quer dizer com as palavras: "Não faça nada com o corpo, exceto relaxar."

Nunca vi uma pessoa que relaxasse ao ler um livro sobre relaxamento – ela se tornou mais inquieta, porque agora toda a sua vida de atividade continua intocada, sua obsessão está lá para ser ativa, a doença também, e a pessoa finge que está relaxada.

O que é o relaxamento? É um estado no qual sua energia não flui em nenhum sentido – nem para o futuro, nem para o passado, ela simplesmente permanece aí com você. No lago sereno e silente de sua própria energia, em sua calidez confortante, você descansa, envolvido por ela. Esse momento é tudo. Não há outro momento, o tempo pára – então, ocorre o relaxamento. Se o tempo estiver lá, então não há relaxamento. Simplesmente, o relógio pára; não há tempo; esse momento é tudo. Você não deseja mais nada, mas simplesmente desfrutar dele. As coisas simples nos empolgam porque são belas. Na verdade, nada é simples – então, tudo é extraordinário.

As pessoas vêm a mim e me perguntam: "Você acredita em Deus?" Eu respondo: "Sim, porque tudo é extraordinário; e como poderia ser esse o caso sem uma profunda consciência disso?" Coisas simples... Caminhar sobre a grama quando as gotas de orvalho ainda não tenham-se evaporado, e simplesmente sentir de todo ali – a textura, o toque da grama sob os pés, o frescor do orvalho, a brisa da manhã, o sol nascendo. De que mais você precisa para ser feliz? Que mais é possível para ser feliz? Simplesmente, ficar deitado à noite sobre o lençol frio de sua cama, sentindo-lhe a textura; sentindo que o lençol está ficando cada vez mais quente, e que você está envolto pela escuridão, pelo silêncio da noite... Com os olhos fechados, você simplesmente sente a si mesmo. De que mais você precisa? Isso é muito e bastante – e uma profunda gratidão lhe assoma no íntimo do ser. Isso é relaxamento.

O relaxamento é um estado. Você não pode impô-lo. Você simplesmente abandona as coisas negativas, os impedimentos, e ele vem, aparece por si mesmo.

O relaxamento significa que esse momento é mais do que suficiente, mais do que pode ser pedido e esperado. Nada a pedir, mais do que suficiente, mais do que você pode desejar – então, a energia não flui em nenhum sentido, ela forma um lago sereno. Em sua própria energia, você se derrete. Esse momento é de relaxamento.

O relaxamento não é do corpo, nem da mente; o relaxamento é do todo. É por isso que os iluminados continuam a dizer: "Abandone os desejos", pois eles sabem que, se houver desejo, você não consegue relaxar. E estão sempre dizendo também: "Enterre o que morreu", pois, se você ficar muito preocupado com o passado, você não consegue relaxar. E eles dizem mais: "Desfrute o momento atual." Jesus diz: "Olhe para os lírios. Observe os lírios do campo – eles não trabalham, e são mais belos, seu esplendor é maior do que o do rei Salomão. Nem mesmo Salomão em toda a sua glória se vestiu como um deles. Olhem, observem os lírios!"

O que ele está querendo dizer com isso? Ele está dizendo: "Relaxe!" Você não precisa trabalhar para isso – aliás, tudo nos é fornecido. Jesus afirma: "Se ele cuida dos pássaros, dos animais, das árvores e das plantas, por que se preocupar? Ele não olhará por você? Isso é relaxamento. Por que você se preocupa tanto com o futuro? Observe os lírios, observe os lírios e seja como os lírios – e, então, relaxe. Relaxamento não é postura; relaxamento é a transformação total da sua energia.

O entendimento é a única disciplina. Entenda suas atividades, que, de repente, no meio da atividade, você toma consciência dela, e ela cessa. Se você toma consciência do porquê de a estar realizando, ela cessa. Essa interrupção é o que Tilopa quer dizer com as palavras: "Não faça nada com o corpo, exceto relaxar."

A energia pode ter dois aspectos. Sob um deles, ela é estimulada a tomar certa direção, a seguir certo objetivo – essa situação é apenas um meio, e o objetivo a ser alcançado está situado além, num lugar qualquer. Esse é um dos aspectos de sua energia: é o aspecto da atividade, atividade voltada para um objetivo; então, tudo é um meio. De algum modo, isso tem que ser feito, e você tem que se esforçar por alcançar o objetivo e, depois, relaxar. Mas, com esse tipo de energia, o objetivo jamais é alcançado, pois esse tipo de energia se transforma a todo momento num meio de alcançar outra coisa, no futuro. O objetivo permanece no horizonte. Você continua a correr, mas a distância continua a mesma.

> Energia é saúde, energia é alegria, energia é essência divina. Quando libera energia, você consegue ser criativo. A energia produz inteligência, criatividade, sensibilidade, produz tudo que é belo.

Agora, sua energia tem outro aspecto: esse aspecto é o da alegria espontânea. O objetivo está aqui, agora, o objetivo não está em outro lugar. Aliás, *você é* o objetivo. E também, não há outra realização que não seja a deste momento – considere os lírios do campo. Quando *você é* o objetivo e quando este não está no futuro – quando não há nada a ser alcançado, mas, ao contrário disso, tudo o que você tem a fazer é festejar a vida, você já alcançou seu objetivo, ele está aí – isso é relaxamento, energia não-manipulada.

Portanto, para mim, existem dois tipos de pessoas: as que perseguem seus objetivos e as que celebram a vida. Os que perseguem objetivos são loucos. Aos poucos, eles estão enlouquecendo – e estão gerando sua própria loucura. E a loucura tem a sua própria força; lentamente, eles se afundam nela – assim, ficam completamente perdidos. O outro tipo de pessoa não é um perseguidor de objetivos; ela não persegue absolutamente nada; ela celebra a vida.

Seja a pessoa que celebra, comemore! Já existe muita coisa – as flores vicejam, os pássaros cantam, o Sol está no céu – celebre a vida! Você está respirando e está vivo e tem consciência: festeje! Com isso, de repente, você relaxa; aí, não há mais tensão, não há mais angústia. Toda a energia que se houver transformado em angústia se torna gratidão. Seu coração passa a bater embalado por uma gratidão mais profunda – isso é oração. Orar é exatamente isso, um coração batendo com profunda gratidão.

Não faça nada com o corpo, exceto relaxar. Não há nenhuma necessidade de fazer algo por ele. Apenas entenda o movimento da energia, o fluxo espontâneo da energia. Ela flui, mas em direção a um objetivo; ela flui como celebração da vida. Ela se move, não em direção a uma meta, mas por causa de seu próprio excesso de fluidez.

A criança brinca, e pula, e corre em todas as direções. Pergunte a ela: "Aonde você vai?" Ela não vai a lugar nenhum – você parecerá um tolo para ela. As crianças sempre acham os adultos tolos. Que pergunta idiota: "Aonde você vai?" Há necessidade de ir a algum lugar? A criança simplesmente não pode responder à sua pergunta, pois ela é irrelevante. Ela não vai a lugar nenhum. Ela dirá: "A lugar nenhum." Mas a mente objetiva perguntará: "Então, por que você está correndo?" – pois, para nós, uma atividade é relevante somente quando ela leva a algum lugar.

> A energia precisa de trabalho, pois, do contrário, a energia se transforma em inquietação. A energia precisa de expressão, a energia precisa servir à criatividade. Se não for assim, essa mesma energia, reprimida dentro de você, se torna doentia, uma doença.

E eu digo a você: não há nenhum lugar a ir. Aqui é tudo. Toda a existência culmina neste momento, converge para este momento. Toda a existência está fluindo para este momento. Tudo o que existe está fluindo para este momento – é aqui, agora. A criança está simplesmente usufruindo a energia. Ela tem tanta! Ela está correndo não porque tenha que atingir algum lugar, mas porque ela tem muito; ela tem que correr.

Aja espontaneamente, por simples excesso de fluidez de sua energia. Compartilhe, mas não negocie, não faça barganhas. Dê porque você tem; não dê para receber em troca – pois, assim, você cai na miséria. Todos os que barganham vão para o inferno. Se quiser ver os maiores negociadores e mercadores irem para o inferno, você os encontrará lá. O Paraíso não foi feito para mercadores; o Paraíso foi feito para comemoradores.

Nos meios cristãos, há séculos que se faz com freqüência a pergunta: "O que os anjos fazem no céu?" É uma pergunta relevante para pessoas que costumam perseguir objetivos: "O que os anjos fazem no céu?" Acho que não se faz nada lá, não há nada para fazer. Uma pessoa perguntou a Meister Eckhart: "O que os anjos fazem no céu?" Ele disse: "Que tipo de idiota é você? O céu é um lugar de celebração. Eles não fazem nada. Eles simplesmente comemoram – a glória do céu, a magnificência dele, a poesia dele, a beleza dele, eles o comemoram. Eles cantam, e dançam, e celebram." Mas acho que esse homem ficou insatisfeito com a resposta de Meister Eckhart, pois, para nós, uma atividade só tem significado quando nos leva a algum lugar, quando tem um objetivo.

Lembre-se, a atividade está voltada para objetivos; a ação, não. Ação é fluidez abundante de energia. Ação tem relação com o momento atual, é uma reação, algo espontâneo, sem premeditação. Toda a existência vem ao seu encontro, põe-se de frente para você, e ocorre uma reação. Os pássaros estão cantando, e você começa a cantar também – não é uma atividade. De repente, você descobre que ela está ocorrendo, que você começou a cantarolar – isso é ação.

E, quando você se envolve mais e mais em ações, e cada vez menos em atividades, sua vida muda e se torna um estado de relaxamento profundo. Então você "faz", mas se mantém relaxado.

Um iluminado nunca se cansa. Por quê? – porque ele não é um agente. Tudo o que ele tem, ele dá, prodigaliza.

Não faça nada com o corpo, exceto relaxar; feche bem a boca e permaneça em silêncio. A boca é realmente algo muito significativo, pois foi dali que saiu a primeira atividade; seus lábios realizaram a primeira atividade. Ao redor da região da boca está o começo de toda atividade – você inalou, chorou, começou a tentar pegar com ela o seio de sua mãe. E sua boca está sempre em frenética atividade. É por isso que Tilopa sugere: "Entenda o que é atividade, o que é ação, relaxe, e...*feche bem a boca.*"

Quando você se envolve mais e mais em ações, e cada vez menos em atividades, sua vida muda e se torna um estado de relaxamento profundo. Então você "faz", mas se mantém relaxado. Um iluminado nunca se cansa. Por quê? – porque ele não é um agente. Tudo o que ele tem, ele dá, prodigaliza.

Sempre que você se sentar para meditar, toda vez que você desejar se manter em silêncio, a primeira coisa a fazer é fechar a boca completamente. Quando você fecha totalmente a boca, sua língua toca o palato; os lábios ficam completamente cerrados, e a língua toca o céu da boca. Feche-a totalmente – mas isso pode ser feito somente se você tiver seguido tudo que o que eu lhe tenho dito, e não antes disso. Você consegue fazê-lo, fechar a boca não requer muito esforço. Você pode sentar-se como uma estátua, com a boca inteiramente fechada, mas isso não o impedirá de realizar atividades. Bem no fundo do seu ser, o raciocínio insistirá, e, quando o raciocínio insiste, você sente pruridos sutis nos lábios. Talvez as outras pessoas não sejam capazes de notar o fato, pois eles são muito sutis, mas, quando você está pensando, seus lábios tremem ligeiramente – muito sutilmente.

Quando você realmente relaxa, o tremor dos lábios cessa. Você não está conversando, você não está realizando nenhuma atividade interiormente. *Feche bem a boca e em silêncio permaneça* – e não pense em nada.

Que fazer? Os pensamentos estão indo e vindo. Deixe-os ir e vir, isso não é problema. Você não se deixa envolver; você permanece alheio, distante. Você simplesmente os observa ir e vir, eles não são problema seu. Feche a boca e permaneça em silêncio. Aos poucos, os pensamentos desaparecerão – eles precisam de sua cooperação para estarem lá. Se você cooperar, eles ficarão aí; se você lutar, então eles também continuarão aí, pois ambas as atitudes são cooperação – uma a favor, outra contra. Ambas são um tipo de atividades. Você simplesmente observa.

Mas o fechamento da boca é de muita ajuda.

Portanto, primeiro, já que eu tenho observado muitas pessoas, sugerirei que você boceje. Abra a boca tanto quanto possível, force a abertura da boca ao máximo, boceje intensamente de modo que chegue mesmo a doer. Faça isso duas ou três vezes. Isso ajudará a boca a se manter fechada por mais tempo. E, em seguida, durante dois ou três minutos, fale alto, incoerências, bobagens. Qualquer coisa que vier à mente, diga-o em alta voz e desfrute o momento. Depois, feche a boca.

É mais fácil começar do extremo oposto. Quando quiser relaxar a mão, é melhor primeiramente fazê-la ficar tensa tanto quanto possível – cerre o punho e faça com que ele fique tão tenso quanto puder. Faça agora justamente o contrário e relaxe. Então, agora você conseguirá um relaxamento mais profundo do sistema nervoso. Faça gestos, caretas, movimentos da face, contorsões, bocejos, fale asneiras durante dois ou três minutos – e, depois, feche a boca. Essa tensão lhe dará mais possibilidade de relaxar os lábios e a boca. Feche a boca e aja agora somente como observador. Em pouco tempo, o silêncio se fará em você.

Há dois tipos de silêncio. Um deles é o silêncio que você pode impor a si mesmo. Isso não é uma coisa muito delicada. É um tipo de violência, é uma espécie de violação da mente; é agressivo. E há o tipo de silêncio que toma conta de você como a noite envolve o dia. Ele vem sobre você, ele o envolve. Você simplesmente cria a possibilidade para isso, a receptividade, e ele vem. Feche a boca, observe. Não tente fazer silêncio. Se tentar, você conseguirá impor-se uns poucos segundos de silêncio, mas eles serão inúteis – por dentro, você continuará fervilhando. Portanto, não tente fazer silêncio. Apenas crie a situação, prepare o solo, plante a semente e aguarde.

Esvazie a mente e não pense em nada.

Que fazer para esvaziar a mente? Pensamentos estão vindo, você observa. E a observação tem que ser feita com cautela: ela deve ser passiva, e não ativa. Esses são mecanismos sutis, e você tem que entender tudo, pois, se não entender tudo aqui, talvez não entenda em outro lugar. E, se você deixar de assimilar um ponto aqui, tudo muda de qualidade.

Observe – observe passivamente, e não ativamente. Qual a diferença?

Você está esperando a namorada, ou a pessoa que ama – e aí você passa a observar ativamente. Então, uma mulher passa pela porta e você se põe de pé bruscamente para saber se ela chegou. Mais adiante, apenas algumas folhas se agitam pela ação do vento, e você acha que talvez ela tenha chegado. Você continua a levantar-se bruscamente de quando em vez; sua mente está muito agitada, ativa. Não, isso não ajudará. Se você ficar muito ansioso e ativo demais, isso não o levará ao silêncio de que estou falando.

Seja passivo – como se você estivesse sentado à beira de um rio, e o rio segue seu curso, e você simplesmente observa. Não há nenhuma ansiedade, nenhuma urgência, nenhuma emergência. Ninguém o está forçando a fazer nada. Mesmo que ache que perdeu algo, não há nada perdido. Você simplesmente observa, apenas olha. Mesmo a palavra *observar* não é boa, pois essa palavra transmite a sensação de que se está ativo. Você apenas olha, sem ter nada para fazer. Você simplesmente se senta à margem do rio, e olha, e o rio flui. Ou, então, você olha para o céu e vê as nuvens passarem. E passivamente – essa passividade é fundamental. Isso precisa ser entendido, pois sua obsessão por atividades pode transformar-se em ansiedade, pode tornar-se uma espera ativa. Com isso, você perde toda a noção do processo; aí, a atividade entrou pela porta dos fundos novamente. Seja, pois, um observador passivo – *Esvazie a mente e não pense em nada.*

Essa passividade esvaziará automaticamente a sua mente. Ondas estimuladoras de atividade, ondas de energia mental, diminuirão aos poucos, e todo o âmbito de sua consciência ficará livre dessas ondas, dessas vibrações. Ela se tornará uma espécie de espelho silencioso.

Tilopa nos diz também:

Como um bambu oco, ponha seu corpo em sereno repouso.

Esse é um dos recursos especiais de Tilopa. Todo mestre tem seu próprio recurso especial, por meio do qual ele foi bem-sucedido e pelo qual ele gostaria de ajudar os outros. Essa é a especialidade de Tilopa: *Como um bambu oco, ponha seu corpo em sereno repouso* – um bambu, completamente oco. Quando você se solta, você se sente como se fosse um bambu, completamente oco, vazio. E, de fato, esse é o caso: seu corpo é como um bambu e, por dentro, ele é oco. Sua pele, seus ossos, seu sangue – todos eles fazem parte do bambu e, por dentro, tudo é espaço, vacuidade.

Quando estiver sentado com a boca totalmente fechada, inativo, a língua tocando o céu da boca e silencioso, sem fremir pelo assédio de pensamentos – com a mente em estado de observação passiva, sem ansiedade por nada em especial – sinta-se como se fosse um bambu oco. E, de repente, uma fonte infinita de energia começa a jorrar dentro de você. Você é preenchido pelo desconhecido, pelo misterioso, pelo divino. O bambu oco se torna uma flauta, e o divino começa a tocá-la. Assim que você fica vazio, não há barreira para impedir que o divino o penetre.

Tente isso; essa é um dos mais belos tipos de meditação, a meditação em que você se torna um bambu oco. Você não precisa fazer nada mais. Você simplesmente se torna o bambu – e todo o restante ocorre. Subitamente, você se sente como se algo estivesse descendo sobre seu vazio. É como se você fosse um útero e uma nova vida estivesse entrando em você, como se uma semente estivesse caindo ali. E chega o momento em que o bambu desaparece completamente.

Como um bambu oco, ponha o corpo em sereno repouso. Fique em repouso – não deseje coisas espirituais, não deseje o céu, não deseje nem mesmo a Deus. Deus não pode ser desejado – quando nenhum desejo o empolga, Ele vem até você. A libertação não pode ser desejada – porque o desejo é o grilhão que o prende. Quando está sem desejar nada, você

> O próprio esforço para "tornar-se" é uma barreira – pois você já leva o seu ser em si mesmo. Você não precisa tornar-se nada – mas simplesmente perceber quem você é, e basta. Simplesmente perceber quem está oculto dentro de você.

está livre. A iluminação não pode ser desejada, porque o desejo é o próprio impedimento disso. Quando não há barreira, o iluminado que há em você irrompe dentro do seu ser. Você tem a semente disso. Quando você está vazio, quando o espaço está livre – a semente rebenta.

Diz ainda Tilopa:

Como um bambu oco, ponha o seu corpo em sereno repouso. Nem dando nem tomando, ponha a sua mente em repouso.

Não há nada a dar, não há nada a obter. Tudo está absolutamente certo tal como se apresenta. Não há necessidade de dar e receber. Você é absolutamente perfeito tal como é.

Esse ensinamento do Oriente tem sido muito mal-interpretado no Ocidente, pois os ocidentais dizem: "Que tipo de ensinamento é esse? Assim as pessoas não se esforçarão e não tentarão progredir. Não farão nenhum esforço para mudar seu caráter, para transformar sua conduta má em maneiras mais civilizadas. Desse modo, elas podem tornar-se vítima do demônio." No Ocidente, "Melhore a si mesmo" é o lema – quer no que diga respeito a este, quer no que se refira ao outro mundo: melhore. Como melhorar? Como se tornar maior e melhor?

No Oriente, nós entendemos isso mais profundamente, que o próprio esforço para "tornar-se" é uma barreira – pois você já leva o seu ser em si mesmo. Você não precisa tornar-se nada – mas simplesmente perceber quem você é, e basta. Simplesmente perceber quem está oculto dentro de você. Ao tentar melhorar-se, independentemente do que seja, você sempre ficará ansioso e angustiado, pois o próprio esforço para melhorar-se o está conduzindo por um caminho equivocado. Isso torna o futuro mais sugestivo, um objetivo mais sugestivo, ideais mais sugestivos – e então sua mente se torna uma fonte de desejos.

Quando deseja, você perde algo. Faça com que o desejo se enfraqueça, torne-se um lago sereno e vazio de desejos – e, subitamente, você se surpreende, sem esperar que a coisa esteja lá. E você ri desbragadamente, assim como Bodhidharma riu. E os seguidores de Bodhidharma dizem que, quando você fica em silêncio, você consegue ouvir a risada estridente dele. Ele ainda está rindo. Ele não parou de rir desde então. Ele riu porque pensou: "Que tipo de brincadeira é essa? Você já é aquilo que você está tentando ser! Como você pode tornar-se bem-sucedido se você já é bem-sucedido? Seu fracasso será absolutamente inevitável. Como você pode se tornar alguém assim se você já o é?" Assim, Bodhidharma começou a rir.

Bodhidharma foi contemporâneo de Tilopa. Eles devem ter conhecido um ao outro – talvez não fisicamente, mas eles devem ter conhecido um ao outro pelo mesmo jeito de ser.

Tilopa sugere:

Não dê nem tome; ponha a mente em repouso. Mahamudra
é como uma mente que não se apega a nada.

Você será bem-sucedido se não se apegar a nada – nada em sua mão, e, com o tempo, você se torna alguém bem-sucedido.

Mahamudra é como uma mente que não se apega a nada.
Praticando isso, com o tempo você alcança a iluminação.

O que deve ser praticado, então? O ato de se tornar cada vez mais sereno. De procurar estar cada vez mais aqui. De estar mais e mais em ação, e cada vez menos em atividade. De ser cada vez mais oco, vazio, passivo. De ser cada vez mais um observador – indiferente, sem esperar nada, sem desejar nada. De ser feliz com você mesmo assim como você é. De estar celebrando a vida.

E, então, a qualquer momento, quando as coisas amadurecem e a estação certa chega, você se abre como uma flor de luz.

AJA EM HARMONIA COM A NATUREZA

A criatividade é um estado de consciência e de ser muito paradoxal. É ação por meio de inação, é o que Lao-tsé chama de *wei-wu-wei*. É o ato de permitir que algo ocorra por seu intermédio. Não é o ato de fazer, mas o de permitir. É o ato de tornar-se uma passagem para que o todo flua através de você. É o ato de tornar-se um bambu oco, apenas um bambu oco.

E, então, algo começa a ocorrer, pois, oculto, atrás do homem, está Deus. Apenas lhe abra um pequeno caminho, uma pequena passagem, para que Ele venha através de você. Isso é criatividade – permitir que Deus se manifeste é criatividade. A criatividade é um estado religioso.

É por isso que eu digo que um poeta está muito mais perto de Deus do que um teólogo, e um dançarino ainda mais. O filósofo é o que está mais distante, pois, quanto mais você pen-

>
> Quanto mais você pensa, mais você é. O ego não é nada, senão todas as idéias que você acumulou no passado. Quando você não é, Deus é – isso é criatividade.

sa, maior a barreira que você cria entre você e o Todo. Quanto mais você pensa, mais você é. O ego não é nada, senão todas as idéias que você acumulou no passado. Quando você não é, Deus é – isso é criatividade.

A criatividade significa simplesmente que você está em estado de relaxamento total. Não significa inação, mas sim relaxamento – porque, com o relaxamento, ocorre muita ação. Mas isso não é obra sua, você é apenas um veículo. Uma melodia começa a ecoar por seu intermédio – você não é o criador dela, ela vem do além. Ela sempre vem do além. Quando você a cria, sua criação não vai além do ordinário, mundano. Quando ela vem *por seu intermédio* ela tem beleza sublime, traz em si algo de desconhecido.

Quando o grande poeta Coleridge morreu, ele deixou milhares de poemas inacabados. Freqüentemente, perguntavam a ele: "Por que você não termina esses poemas?" Pois a alguns faltavam apenas algumas linhas para serem terminados. "Por que você não os termina de compor?"

Ele respondia: "Não posso. Eu tento, mas, quando os termino de compor, parece faltar algo, alguma coisa parece estar errada. Minha linha nunca se harmoniza com a que flui por meu intermédio. Ela se me torna um tropeço, uma rocha, e impede-lhe a fluidez. Assim, tenho que aguardar. Quem quer que tem fluído por intermédio de mim, quando ele começar a fluir outra vez e completar o poema, ele estará terminado; antes disso não."

Ele terminou apenas uns poucos poemas. Mas eles são de sublime beleza, de grande esplendor místico. Sempre foi assim: o poeta desaparece, a criatividade aparece. Nessa ocasião, ele é possuído. Sim, essa é a palavra, ele é possuído. Criatividade é ser possuído por Deus.

Simone de Beauvoir disse: "A vida se ocupa com a própria perpetuação e a superação de si mesma; se tudo que ela faz é manter a si mesma, então viver é apenas não morrer." E o homem que não é criativo está apenas não morrendo, só isso. Sua vida não tem profundidade. Sua vida ainda não é vida, mas apenas um prefácio; seu livro da vida ainda não começou a ser escrito. Ele nasceu, é verdade, mas ainda não está vivo.

Quando você se torna criativo, quando permite que a criatividade flua por intermédio de você – quando você começa a cantar uma canção que não é sua, que você não pode assinalar nem dizer: "Ela é criação minha"; sobre a qual você não pode apor sua assinatura – então a vida cria asas e desfere vôos. Na criatividade, está a superação; de outro modo, nós podemos continuar, no máximo, a nos perpetuarmos tal como somos. Você cria uma criança – isso não é criatividade. Você morre e a criança fica para perpetuar a vida, mas perpetuar-se não basta, a menos que você comece a superar a si mesmo. E essa superação só ocorre quando algo do além entra em contato com você.

A natureza dá a todos energia criativa. Esta só se torna destrutiva quando é obstruída, quando não se permite o seu fluxo natural.

Esse é o ponto de transcendência – superação. E, na superação, o milagre ocorre; você não *existe*; contudo, pela primeira vez, você *existe*.

O princípio da sabedoria é agir em harmonia com a natureza. Essa é a mensagem de todos os grandes místicos – Laotsé, Buda, Bahaudin, Sosan, Sanai – agir em harmonia com a natureza. Os animais sempre agem em harmonia com a natureza. Por ter consciência, o homem pode optar por não agir em harmonia com ela; disso resulta grande responsabilidade.

O homem tem responsabilidade – somente o homem tem responsabilidade, essa é a sua grandeza. Nenhum outro animal é responsável; o animal simplesmente age harmoniosamente, para ele não há como se desviar disso. O animal não pode divergir; ele ainda não é capaz de divergir, ele ainda não tem consciência. Ele age como você age quando em sono profundo.

Em sono profundo, você também entra em harmonia com a natureza. Eis por que o sono profundo é tão revigorante, tão relaxante. Apenas alguns minutos de sono profundo, e você está renovado e rejuvenescido. Toda a poeira que você tinha acumulado sobre si e toda a canseira e enfado desaparecem. Você entrou em contato com a fonte.

Mas essa é uma forma animalesca de contatar a fonte; o sono é uma forma animalesca de contatar a fonte. Os animais são horizontais; o homem é vertical. Quando você desejar dormir, você tem que se pôr na posição horizontal. Somente na posição horizontal, você consegue adormecer – você não consegue adormecer em pé, pois isso é muito incômodo. Você tem que voltar atrás, milhões de anos atrás, como se fosse um animal. Você se põe em posição horizontal, paralelamente à Terra; de repente, você começa a perder a consciência; subitamente, você não é mais responsável.

Foi por causa disso que Sigmund Freud adotou o divã para tratar o paciente. O divã não é para o conforto do paciente; ele é uma estratégia. Assim que o paciente fica em posição horizontal, ele começa a ser irresponsável. E, a menos que ele se sinta completamente livre para dizer coisas, ele não fala sobre coisas do inconsciente. Se ele permanece responsável e verticalmente, ele avalia o tempo todo se deve ou não dizer algo. Ele fica censurando a si mesmo. Quando ele se põe em posição horizontal no divã – o psicanalista está atrás, oculto, você não pode vê-lo –, de repente, ele torna a ser um animal, não tem responsabilidade. Ele começa a falar livremente sobre coisas que jamais teria dito a alguém, a um estranho. Ele começa a falar sobre coisas que estão nas profundezas do inconsciente; essas coisas inconscientes começam a vir à tona. É uma estratégia, uma estratégia freudiana para tornar o paciente totalmente impotente, como uma criança ou um animal.

Assim que você deixa de se sentir responsável, você se torna natural. E a psicoterapia tem sido de grande ajuda; ela o faz relaxar. Todo o seu recalque aflora, e depois de aflorar, ele evapora. Depois de passar por sessões de psicanálise, você fica aliviado, se torna mais espontâneo, se harmoniza mais com a natureza e com você mesmo. Esse é o significado de ter saúde.

Mas isso é voltar atrás, isso é regressão. É voltar para o porão. Há outra forma de superação, e isso é subir para o sótão – não ao jeito de Sigmund Freud, mas à maneira de Buda. Você pode se superar se mantendo em contato consciente com a natureza.

E isso é o princípio da sabedoria – estar em harmonia com a natureza, com o ritmo natural do universo. E, sempre que você está em harmonia com o ritmo natural do universo, você é poeta, pintor, músico, dançarino.

Experimente. Algum dia, sentado perto de uma árvore, sintonize-se com ela conscientemente. Torne-se uno com a natureza, deixe que as barreiras se desfaçam. Torne-se a própria árvore, a relva, a brisa – e, subitamente, você vê; algo que jamais aconteceu com você antes passa a ocorrer. Sua visão se torna mais ampla e penetrante: as árvores se mostram mais verdes do que nunca, e as rosas mais rosadas, e tudo parece luminoso. De repente, você sente vontade de entoar uma canção, sem saber de onde ela vem. Seus pés parecem querer dançar, você se sente como se seu sangue quisesse dançar dentro das veias. Você consegue ouvir os sons da melodia por dentro e por fora.

Esse é o estado de criatividade. Isso pode ser apontado como a qualidade básica do fenômeno – estar em harmonia com a natureza, estar em sintonia com a vida, com o universo.

>
> A essência da sabedoria é estar em harmonia com a natureza, com o ritmo natural do universo. E, sempre que você está em harmonia com o ritmo natural do universo, você é poeta, pintor, músico, dançarino.

Lao-tsé deu a isso um belo nome, *wei-wu-wei*, ação pela inação.

Esse é o paradoxo da criatividade. Se você vê um pintor pintando, certamente ele está ativo, plenamente ativo, freneticamente ativo – ele é todo ação. Do mesmo modo, se você vê um dançarino dançar, ele é todo ação. Mas, no fundo, não há nenhum agente, nenhum criador; há apenas silêncio. Daí o motivo de eu dizer que a criatividade é um estado paradoxal.

Todos os estados belos são paradoxais. Quanto mais alto você se eleva, mais fundamente você penetra no paradoxo da realidade. Ação suprema com relaxamento supremo – na superfície, uma ação grandiosa está ocorrendo; no interior, nada está ocorrendo, ou *somente* nada está ocorrendo. Cedendo a uma força que não é sua, entregando-se a uma força que está além de você, isso é criatividade. Meditação é criatividade. E, quando o ego desaparece, a ferida em você desaparece; você está curado, você está são – o ego é a sua doença. Quando o ego desaparece, você sai da inoperância, você começa a imbuir-se da vida. Você começa a imbuir-se com o fluxo imenso da existência.

Norbert Weiner afirmou: "Não somos tecido resistente, mas seda que se perpetua, remoinhos de águas de um rio de fluidez eterna." Assim, você não é um ego, mas um acontecimento, ou uma série de acontecimentos. Portanto, você é um processo, e não uma coisa. A consciência não é uma coisa, é um processo – e nós fizemos dela uma coisa. No instante em que você a

> Se você vê um pintor pintando, certamente ele está ativo, plenamente ativo, freneticamente ativo – ele é todo ação. Ou se você vê um dançarino dançar, ele é todo ação. Mas, no fundo, não há nenhum agente, nenhum criador; há apenas silêncio. Daí o motivo de eu dizer que a criatividade é um estado paradoxal.

chama de "Eu", ela se torna uma coisa – definida, restrita, adormecida, estagnada, e você começa a morrer.

O ego é a sua morte, e a morte do ego é o começo de sua vida real. A vida real é criatividade.

Você não precisa ir a nenhuma escola para aprender a ser criativo. Tudo o que você precisa é voltar-se para dentro de si mesmo e ajudar a extinção do próprio ego. Não o apóie, não continue a fortalecê-lo. E, quando o ego não existe, tudo é verdadeiro, tudo é belo.

Não estou dizendo que todos vocês se tornarão Picassos e Shakespeares; não estou dizendo isso. Alguns de vocês se tornarão pintores; outros se tornarão cantores; outros se tornarão músicos, outros dançarinos – mas essa não é a questão. Cada um de vocês se tornará criativo ao seu próprio modo. Talvez você seja um cozinheiro, mas terá criatividade. Ou talvez você seja um limpador de ruas, mas terá criatividade.

Não haverá enfado. Você se tornará engenhoso nas pequenas coisas. Mesmo nas tarefas de limpeza, haverá reverência, louvor; assim, tudo o que você fizer terá o cunho da criatividade. E nós não precisamos de muitos pintores – se acontecer de todos se tornarem pintores, a vida se tornará muito difícil! Não precisamos de muitos poetas; precisamos de jardineiros também, precisamos de fazendeiros, e precisamos de todos os tipos de pessoas. Mas toda pessoa pode ser criativa. Se ela é meditativa e liberta do ego, Deus começa a fluir por intermédio dela. Conforme a sua capacidade, conforme o seu potencial, Deus começa a assumir formas específicas – então, tudo é bom.

Você não precisa tornar-se famoso. A pessoa realmente criativa não se preocupa em tornar-se famosa; não há necessidade disso. Ela se sente tão profundamente envolvida com o que ela está fazendo, ela fica tão contente com o que ela é e com o lugar onde está, que não há nela espaço para desejos. Quando você é criativo, o desejo desaparece. Quando você é criativo, a ambição desaparece. Quando você é criativo, você já é aquilo que sempre quis ser.

CINCO OBSTÁCULOS

A natureza dá energia criativa a todos. Ela só se torna destrutiva quando é obstruída, quando seu fluxo natural é impedido.

1. AUTOCONSCIÊNCIA

A autoconsciência é uma doença. Consciência é saúde, autoconsciência é doença – algo deu errado. Algum problema aflorou, algum complexo. O rio da consciência não está fluindo naturalmente. Algo estranho entrou no rio da consciência – algo alheio, que não pode ser absorvido pelo rio, algo que não pode se tornar parte do rio... Algo que reluta em se tornar parte do rio.

A autoconsciência é morbidez. A autoconsciência é um estado de gelidez, de bloqueio. É também como um lago de águas estagnadas – que não vão a lugar nenhum, mas apenas vão secando-se, evaporando-se e morrendo. Logicamente, essas águas cheiram mal.

Assim, a primeira coisa a entender é a diferença entre autoconsciência e consciência.

A consciência não faz a mínima idéia do que seja o "eu", o ego.

Não tem a mais ligeira noção do que seja a separação entre o ser e a existência. Ela não conhece nenhuma barreira. Não conhece limites – ela é una com a existência, ela existe em profunda unicidade com ela. Com ela, não há conflito entre o indivíduo e o Todo. O ser simplesmente está sempre a fluir para dentro do todo, e o Todo flui para dentro do ser. É como a respiração: você inspira, e expira – quando você inspira, o todo entra em você; quando você expira, você entra no Todo. É um fluxo constante, um compartir perene. O Todo lhe doa constantemente e você doa constantemente ao Todo. O equilíbrio nunca se desfaz.

Mas, numa pessoa autoconsciente, algo deu errado. Ela inala, mas nunca exala. Ela vai acumulando sem parar o que inala, e, por isso, se tornou incapaz de partilhar o que assimila. Ela não pára de criar barreiras em torno de si, de modo que ninguém as consiga transpor. Ela está sempre acrescentando placas em torno de seu ser: "Entrada Proibida." Aos poucos, ela se torna um túmulo, um ser morto – pois a vida está no partilhar.

O eu é uma coisa morta, vivo apenas no nome. Consciência é vida infinita, vida abundante. Ela não conhece barreiras. Mas, geralmente, as pessoas são autoconscientes.

Ser autoconsciente é ser inconsciente. Esse paradoxo precisa ser entendido: ser autoconsciente é ser inconsciente e ignorar a si mesmo – ou ser "auto-inconsciente" – é tornar-se consciente. E, quando o eu não existe, quando esse pequeno, diminuto eu desaparece, você alcança o verdadeiro eu, com "E" maiúsculo – chame-o de eu supremo, o eu de tudo.

Portanto, ele é ambas as coisas: não-eu no sentido de que ele não é apenas seu, e também o eu absoluto, pois ele é o eu de tudo. Você perde seu minúsculo centro e alcança o centro da existência em si. De repente, você se torna infinito; subitamente, você não está mais circunscrito, nenhuma jaula confina o seu ser, e uma força infinita começa a

Cinco Obstáculos 53

fluir por intermédio de seu ser. Você se torna um veículo – desimpedido, sem obstrução. Você se torna uma flauta, e Krishna pode cantar por intermédio de você. Você se torna apenas um canal, vazio, com nada seu – isso é o que eu chamo de entrega.

A autoconsciência é uma atitude de resistência – é uma atitude de conflito, de luta, de oposição. Se você está lutando com a existência, você é autoconsciente e, logicamente, você será derrotado seguidamente. Cada passo será um passo em direção a mais e mais derrotas. Sua frustração é inevitável, pois você está condenado desde o começo, já que não pode sustentar seu eu contra o universo. É impossível, você não pode existir separadamente. Você não pode ser um monge.

Essa palavra, *monge*, é boa. Talvez você conheça palavras semelhantes, derivadas da mesma raiz, como *monopólio* ou *monastério* ou *monólogo*. Um monge é alguém que está tentando ser ele mesmo, que está tentando definir suas fronteiras e existir separadamente da totalidade da existência. Todo o seu esforço é egoísta. Está fadado ao fracasso; nenhum monge jamais será bem-sucedido.

Você só pode ser bem-sucedido com Deus, jamais contra ele. Você só pode ser bem-sucedido com o Todo, nunca contra ele. Portanto, se você se sente frustrado, profundamente infeliz, lembre-se: você está criando essa infelicidade. E você a está criando por causa de um engano sutil: você está lutando contra o Todo.

Aconteceu – deve ter sido uma estação chuvosa como esta – e o rio da cidade transbordou. As pessoas foram correndo até Mulla Nasruddin e disseram: – Sua esposa caiu no rio em cheia. Corra! Salve-a!

Nasruddin pôs-se a correr. Ele pulou dentro do rio e começou a nadar contra a correnteza. As pessoas que se haviam reunido para observar gritaram: – Que você está fazendo,

Nasruddin? Sua esposa não pode nadar contra a correnteza – a correnteza a levou pelo rio abaixo.

Nasruddin respondeu: – Do que vocês estão falando? Eu conheço a minha esposa; ela só sabe nadar *contra* a correnteza!

O ego está sempre esforçando-se para nadar contra a correnteza. As pessoas não gostam de fazer coisas fáceis. Antes de fazê-las, elas gostam de torná-las árduas, difíceis. As pessoas adoram fazer coisas difíceis. Por quê? Porque, quando você enfrenta uma situação difícil, seu ego se torna sutil, sagaz; é um desafio.

> Você só pode ser bem-sucedido com Deus, jamais contra ele. Você só pode ser bem-sucedido com o Todo, nunca contra ele.

Quando os primeiros homens alcançaram o topo do Everest, alguém perguntou a Edmund Hillary: – Por que você correu esse risco? Isso é perigoso – muitos outros morreram antes de você e não conseguiram chegar lá. – E a pessoa que o estava entrevistando não conseguiu entender por que as pessoas continuam a tentar a alcançar o Everest e a perder a vida. Qual o sentido disso? O que há a alcançar nisso?

Segundo consta, Edmund Hillary disse: – Não podemos descansar enquanto esse monte não for conquistado. Temos que conquistá-lo! – Não há nada a conquistar nisso, mas a simples presença do Everest, sem conquistadores que o tenham alcançado, é um desafio. E para quem é o desafio? Para o ego.

Observe a sua própria vida – você está fazendo muitas coisas apenas por causa do ego. Você quer construir uma casa grande – talvez você esteja perfeitamente confortável em sua casa assim mesmo como ela é, mas você quer construir um grande palácio. Esse palácio não é para você, esse grande palácio é para o ego. Talvez você esteja muito bem como está, mas não pára de acumular dinheiro – esse dinheiro não é para você, esse dinheiro é para o ego. Como você pode descansar a menos que você se torne o homem mais rico do mundo?

Mas o que você vai fazer tornando-se o homem mais rico do mundo? Você se tornará cada vez mais infeliz, porque do conflito só nasce a infelicidade. Sua infelicidade é uma indicação de que você está em conflito. Portanto, não transfira sua responsabilidade para outra coisa. As pessoas são muito boas em racionalizar. Quando se sentem infelizes, elas dizem: "Que podemos fazer? – o carma das vidas passadas estão-nos fazendo infelizes." Tudo besteira! O carma de vidas passadas as deve ter feito infelizes, mas em vidas passadas! Por que ele esperaria até agora? Não há sentido em esperar. Seu carma *atual* o está fazendo infeliz! Atribuir isso a vidas passadas torna tudo fácil – que você pode fazer então? Você tem que ficar do jeito que está – agora, nada pode ser feito. O passado não pode ser desfeito, você não pode apagá-lo com um simples gesto da mão. Não há truque de mágica que possa ajudá-lo a apagar o passado. Ele aconteceu e aconteceu para sempre; agora, ele permanecerá absoluto, não há como mudá-lo. Isso alivia seu fardo, e você pensa: "Então, tudo bem; tenho que ser infeliz por causa do carma do passado."

As pessoas não gostam de fazer coisas fáceis. Antes de fazê-las, elas gostam de torná-las árduas, difíceis. As pessoas adoram fazer coisas difíceis. Por quê? Porque, quando você enfrenta uma situação difícil, seu ego se torna sutil, sagaz; é um desafio.

Você pode pôr a responsabilidade no demônio, como sempre fazem os cristãos. Os hindus sempre responsabilizam o carma do passado, e os cristãos estão sempre pondo a responsabilidade disso no demônio – ele deve estar criando armadilhas para você. Não é você, dizem, é o demônio que o apanha em armadilhas de miséria e infelicidade e que não pára de puxá-lo para o inferno.

Quem está aborrecido com você? Por que o demônio deveria estar aborrecido com você?

E há também os marxistas, os comunistas, os socialistas – eles dizem que é a estrutura social, o sistema econômico que torna as pessoas infelizes. E também os freudianos, os psicanalistas; eles dizem que o problema está no relacionamento entre mãe e filho. A causa é sempre outra coisa, jamais você. Ela jamais é você no presente.

E eu gostaria de dizer a você: a causa é você. Se você é infeliz, você e só você é o responsável por isso. Nem o passado nem a estrutura social nem o sistema econômico – nada o ajudará. Se você continuar a ser você, em qualquer tipo de sociedade, você continuará a ser infeliz. Em qualquer sistema econômico, você permanecerá infeliz; em qualquer mundo, você continuará a ser infeliz – se você continuar a ser você.

>
>
> A mudança ocorre quando você começa a abandonar o conflito com a existência. Essa é a única intenção de todas as grandes religiões quando enfatizam: "Abandone o ego." Elas estão dizendo: "Abandone o conflito."

A primeira mudança básica ocorre quando você começa a abandonar esse conflito com a existência. Essa é a única intenção de todas as grandes religiões quando enfatizam: "Abandone o ego." Elas estão dizendo: "Abandone o conflito." Gostaria que você se lembrasse disso sempre, pois "abandonar o ego" parece muito metafísico. Ego? Onde está o ego? O que é o ego? A palavra parece conhecida, você parece muito familiarizado com ela, mas parece também muito vaga, seu significado não pode ser compreendido. Deixe-me ser mais direto: abandone o conflito, pois o ego é subproduto de sua atitude conflitante.

As pessoas falam em conquistar a natureza, as pessoas falam em conquistar isso e aquilo – como você pode conquistar a natureza? Você é parte dela. Como a parte pode conquistar o todo? Observe a idiotice disso, sua estupidez. Você pode estar no todo em harmonia, ou você pode estar em conflito com o todo em desarmonia. Desarmonia gera infelicidade; harmonia gera felicidade. Harmonia resulta, naturalmente, em silêncio profundo, alegria, deleite. Conflito gera ansiedade, angústia, estafa, tensão.

O ego não é nada senão todas as tensões que você gerou em torno de si mesmo. E você não tem necessidade disso – mas por que o homem continua a criá-las? Deve haver uma razão. Por que todos estão sempre fomentando o ego, o eu? Porque o verdadeiro eu é desconhecido, é por isso. E é muito difícil viver sem um eu. Assim, criamos um pseudo-eu, um eu substituto. O verdadeiro eu é ignorado.

Aliás, o verdadeiro eu jamais se torna absolutamente conhecido; ele permanece envolto em mistério, ele continua inefável, indefinível. O verdadeiro eu é tão vasto, que você não pode defini-lo, e o verdadeiro eu é tão misterioso, que você não pode alcançar-lhe o âmago. O verdadeiro eu é o eu do Todo. É impossível para o intelecto humano penetrá-lo, ponderá-lo, contemplá-lo.

Existe uma história famosa de um sábio que foi convocado para falar com Alexandre, O Grande. E Alexandre pergun-

> O ego não é nada senão todas as tensões que você gerou em torno de si mesmo. E você não tem necessidade disso – mas por que o homem continua a criá-las? Deve haver uma razão.

tou a ele: — Ouvi dizer que você conseguiu descobrir o que é Deus. Assim, pois, fale-me sobre isso. Tenho indagado sobre isso, e as pessoas dizem que você obteve a resposta. Portanto, esclareça-me sobre a natureza de Deus, sobre o que é Deus.

Consta que o homem respondeu: — Dê-me pelo menos 24 horas para pensar a respeito disso.

Passaram-se as 24 horas, e Alexandre ficou esperando muito ansiosamente. O sábio voltou a ele e disse: — Serão necessárias sete dias.

E passaram-se os sete dias, e Alexandre ficou muito impaciente. O sábio voltou outra vez e disse: — Precisarei de mais um ano.

Alexandre disse a ele: — O que você quer dizer com isso, que precisará de mais um ano? Ou você sabe, ou não sabe! Se você sabe, sabe — nesse caso, diga-me. Por que perder tempo?

O sábio riu e disse: — Quanto mais reflito, mais o assunto se me torna incognoscível. Quanto mais sei, mais difícil se torna para mim dizer que sei. Durante 24 horas, tentei e tentei, e a questão começou a escapulir-se de minhas mãos. Ela é muito escorregadia, é como mercúrio. Depois, eu pedi sete dias — isso não ajudou. Agora, pelo menos um ano — e não tenho certeza sobre se serei capaz de lhe trazer uma definição.

O sábio fez bem. Ele deve ter sido realmente sábio, pois não há como definir o eu real. Mas o homem não pode viver sem um eu — desse jeito, a pessoa se sente muito vazia! Assim a pessoa se sente como uma roda sem cubo; assim a pessoa se sente como uma circunferência sem centro. Não, é difícil viver sem um eu.

Cultivar rosas é difícil; você pode comprar rosas de plástico. Elas não o enganarão, mas enganarão os vizinhos. Esse é o caso do ego.

Conhecer o verdadeiro eu é tarefa árdua; a pessoa tem que percorrer um longo caminho para que isso ocorra. Ela tem que bater em muitas portas antes de chegar à porta certa. O engano fácil é você poder criar um eu falso. Cultivar rosas é difícil; você pode comprar rosas de plástico. Elas não o enganarão, mas enganarão os vizinhos. Hum? Esse é o caso do eu, do ego. Ele não pode enganá-lo – você sabe bem que você mesmo não sabe quem você é – mas, pelo menos, ele pode enganar os vizinhos. No mundo exterior, pelo menos você tem um rótulo, que o identifica.

Você já pensou nisso? Se alguém lhe pergunta: "Quem é você?", o que você responde? Você diz o seu nome. O nome não é seu, pois você chegou ao mundo sem nome. Você chegou inominado; ele não é propriedade sua, ele lhe foi dado. E qualquer um, A, B, C ou D, teria sido útil. A questão é arbitrária. Não é fundamental, absolutamente. Se a batizarem de "Susan", está bom; se o batizarem de "Harry", bom também; não faz diferença. O nome escolhido lhe teria sido tão útil quanto qualquer outro. É apenas um rótulo. Você precisa de um nome para que as pessoas possam se dirigir a você, mas ele não tem nada a ver com o seu ser.

Ou você diz "Sou médico" ou "sou engenheiro" – ou comerciante, ou pintor, ou isso e aquilo – mas nada disso diz algo a seu respeito. Quando você diz: "sou médico", você revela algo sobre sua profissão, não sobre você. Você revela o que faz para se sustentar. Talvez você ganhe a vida como engenheiro, ou como médico, ou como comerciante – isso é irrelevante. Não diz nada a seu respeito.

Ou você dá o sobrenome de seu pai, de sua mãe, ou ainda cita a árvore genealógica da família – isso é irrelevante também, pois isso não o define. Seu nascimento no seio de determinada família é casual; você poderia muito bem ter nascido em outra família e não teria nem mesmo sentido a diferença. Isso é apenas artifício utilitarista – e o homem se torna um "eu". Esse eu é falso, um eu criado, fabricado, feito em casa. E seu verdadeiro eu permanece envolto em névoa e mistério.

Eu estava lendo:

> Um cidadão francês fazia a travessia do deserto com um guia árabe. Todos os dias, o árabe dobrava os joelhos sobre a areia ardente e invocava seu Deus. Por fim, certa noite o descrente francês disse ao árabe: – Como você sabe que Deus existe?
>
> O guia fixou brevemente o olhar no que zombava de sua fé e depois respondeu: – Como eu sei que Deus existe? Como eu sei que foi um camelo e não um homem que passou aqui a noite passada? Não foi por suas pegadas na areia? – E, apontando para o Sol, cujos últimos raios se apagavam sobre o horizonte, acrescentou: – Aquela pegada não é de homem.

Seu eu não pode ser criado por você, não pode ser feito pelo homem. Seu eu você o trouxe consigo – é você, pois, como você pode criá-lo? Para criá-lo, você teria que existir antes de tudo. É isso o que cristãos, muçulmanos, hindus querem dizer quando afirmam que o homem é "criatura". Isso significa que o homem não criou a si mesmo, só isso. O criador está oculto em algum lugar no desconhecido. Nós saímos de alguma misteriosa fonte de vida. Seu eu não é seu! Esse eu falso não é seu, pois foi você que o criou; e seu eu real não é seu porque ele ainda está em Deus, você ainda está radicado em Deus.

Esse falso eu que nós insistimos em carregar como uma bandeira em nossa vida está sempre correndo o risco de ser dilacerado. Ele é muito frágil, é muito fraco – e não podia deixar de ser, pois é feito pelo homem. Como o homem pode fazer algo imortal? Ele mesmo tem que passar por muitas mortes; portanto, tudo o que ele produz é sempre perecível. Daí o receio, o receio contínuo de que "eu posso me perder. Meu eu pode ser destruído". Um receio contínuo vibra dentro de seu ser – você jamais consegue certificar-se desse seu eu falso, embora saiba que ele é falso. Você pode evitar a realidade, mas sabe que ele é falso. Ele é montado, manufaturado; é mecânico, inorgânico.

Você já observou a diferença entre uma unidade orgânica e uma unidade mecânica? Você fabrica um motor de automóvel; você pode comprar peças automotivas num mercado e reunir essas peças, e o motor começa a funcionar como um sistema. Ou pode também comprar peças de rádio numa loja e reuni-las, e o rádio começa a funcionar como uma unidade. De certo modo, ela passa a ter um eu. Nenhuma peça pode funcionar como um rádio por si só – todas as partes juntas começam a funcionar como um rádio. Mas, ainda assim, a unidade é mecânica, forçada de fora para dentro.

Mas, quando você lança sementes ao solo, elas penetram nele e a planta cresce – essa unidade é orgânica. Não é forçada de fora para dentro, a unidade estava dentro da própria semente. A semente vai lançando rebentos, vai colhendo mil e uma coisas da terra, do ar, do sol, do céu – mas a unidade está vindo de dentro. Numa unidade mecânica, a circunferência vem primeiro, e, depois, o centro.

O homem é uma unidade orgânica. Você foi uma semente um dia, como qualquer árvore; no solo uterino de sua mãe, você começou a formar sua circunferência. O centro formou-se primeiro, o centro precedeu a circunferência – e agora você se esqueceu do centro totalmente. Você vive na circunferência e acha que esta é toda a sua

> O autoconsciente está sempre com medo, sempre tremendo.
> E você sempre precisa do apoio dos outros – alguém para elogiá-lo, alguém para aplaudi-lo, alguém para dizer como você é bonito ou inteligente.

vida. Essa circunferência, e o ato de viver constantemente nela, cria um tipo de eu, de pseudo-eu, que lhe dá a sensação de que, sim, você é alguém. Mas está sempre tremendo, pois não há unidade orgânica nela.

Daí o medo da morte. Quando você conhece seu verdadeiro eu, você jamais sente medo da morte, isso é indubitável, pois a unidade orgânica jamais morre. A unidade orgânica é imortal. Somente a unidade mecânica é mortal. Somente as unidades mecânicas são montadas e morrem. Um dia, aquilo que é montado se desmonta. A unidade mecânica tem começo e fim. A unidade orgânica não tem começo nem fim – é um sistema eterno.

Você conhece o seu centro? Se não conhece, você estará sempre com medo. Portanto, o autoconsciente está sempre com medo, sempre tremendo. E você sempre precisa do apoio dos outros – alguém para elogiá-lo, alguém para aplaudi-lo, alguém para dizer como você é bonito ou inteligente. Você precisa de alguém para lhe dizer essas coisas, como se fossem sugestões hipnóticas, de modo que, sim, você é inteligente, você é belo, você é forte. Mas veja o detalhe: você depende dos outros.

Um tolo vem até você e diz que você é muito inteligente – e, aliás, você somente parece inteligente para o tolo. Se ele for mais inteligente do que você, obviamente você não parecerá inteligente para ele. Assim, um sujeito tolo aparece e afirma que você é inteligente, e você fica muito feliz com isso. Você pode parecer bonito somente para um homem feio. Se ele for mais bonito do que você, você parecerá feio – pois tudo é relativo. E as pessoas feias afirmam que você é bonito, e você fica muito feliz.

Que tipo de inteligência é essa, que tem de ser confirmada por pessoas tolas? Que tipo de beleza é essa, que tem de ser confirmada por pessoas feias? Isso é completamente falso. É tolo! Mas nós continuamos procurando. Continuamos a procurar no mundo exterior apoio para o nosso ego, alguém para nos dar algum estímulo, para nos servir de es-

Cinco Obstáculos 63

teio. De outro modo, há sempre o perigo de nosso ego desmoronar. Assim, sentimo-nos obrigados a sustentá-lo desse e daquele lado, e disso resulta preocupação constante.

É por isso que você é mais gracioso quando está só – pois você não fica preocupado. Ninguém está por perto para vê-lo. Você é mais inocente quando está só – no quarto, você é mais inocente, você se parece mais com uma criança. Aliás, você se põe em frente do espelho, faz caretas, gosta disso. Mas, se percebe que seu filhinho o está observando através do buraco da fechadura, você se transforma imediata e totalmente. Agora, o ego está em jogo. É por isso que as pessoas sentem tanto medo das outras. Quando estão sozinhas, não há ansiedade.

Vejam essa história sobre zen-budismo.

Um mestre budista estava pintando um quadro, e ele havia feito com que seu principal discípulo se sentasse ao seu lado para dizer-lhe quando o quadro estaria perfeito. O discípulo estava preocupado, e o mestre também, pois o discípulo jamais tinha visto seu mestre fazer algo imperfeito. Mas, nesse dia, as coisas começaram a dar errado. O mestre tentava, e, quanto mais tentava, mais a pintura ficava confusa.

No Japão e na China, toda a arte da escrita é feita em papel de palha de arroz, ou em papel muito sensível, muito frágil. Se você hesitar um pouco que seja, durante séculos se pode saber onde o escrevente hesitou – pois o papel absorve mais tinta e sai tudo borrado. É muito difícil mascarar a própria habilidade no papel de arroz. Você tem que fazer com que o traço continue a fluir; você não pode hesitar. Mesmo por um instante, por uma fração de segundo, se você hesitar – que fazer? – você erra. E a pessoa que tiver boa sensibilidade visual dirá prontamente: "Não é um quadro zen mesmo." Pois uma pintura zen tem que ser espontânea, fluida.

O mestre tentou e tentou, e, quanto mais tentou... Ele começou a transpirar. E o discípulo ficou lá sentado e meneava a cabeça o tempo todo. – Não, isso não está perfeito. E mais e mais erros eram cometidos pelo mestre.

Então, a tinta começou a vazar, e, assim, o mestre disse: – Vá lá fora e prepare mais tinta. – Enquanto o discípulo ficou lá fora preparando a tinta, o mestre fez sua obra de arte. Quando o discípulo voltou, ele disse: – Mestre, mas está perfeito! Que aconteceu?

O mestre sorriu. E disse: – Eu percebi uma coisa – sua presença, a simples idéia de que alguém estava aí para elogiar ou criticar, para dizer sim ou não, perturbou minha tranqüilidade. Agora, jamais me perturbarei. Consegui entender que eu estava tentando torná-lo perfeito e que essa era a única razão pela qual ele não ficava perfeito.

Tente fazer algo com perfeição, e ele continuará imperfeito. Faça-o naturalmente, e ele será sempre perfeito. A natureza é perfeita; o esforço é imperfeito. Portanto, quando você está tentando fazer algo muito esforçadamente, você o está destruindo.

> Tente fazer algo com perfeição, e ele continuará imperfeito. Faça-o naturalmente, e ele será sempre perfeito. A natureza é perfeita; o esforço é imperfeito. Portanto, quando você está tentando fazer algo muito esforçadamente, você o está destruindo.

É por isso que as pessoas gostam de falar pomposamente – todo mundo é falador, as pessoas falam a vida inteira – mas ponham-nas num palanque e digam-lhes para falar a uma platéia e, subitamente, elas ficam mudas; de repente, elas se esquecem de tudo; sem saber como, elas não conseguem pronunciar uma única palavra. Ou mesmo quando conseguem falar, o discurso é desagradável, artificial, dificultoso. Que aconteceu? E essa pessoa é conhecida como alguém que fala tão efusivamente com os amigos, a esposa, os filhos... Elas são seres humanos também, como as outras – por que o medo? Elas se tornaram autoconscientes. Agora, o ego está em jogo, elas estão tentando realizar algo.

Preste bastante atenção nisto: toda vez que você tenta realizar algo, você está procurando alimento para o ego. Quando age naturalmente e deixa as coisas acontecerem, elas se mostram perfeitas, e, então, não há problema. Quando age naturalmente e deixa as coisas acontecerem, Deus está por trás de você. Quando você está com medo, tremendo, tentando provar algo, você perdeu a assistência de Deus. No seu medo, você o esqueceu. Você está prestando mais atenção nas pessoas e esqueceu-se de sua fonte de inspiração.

A autoconsciência torna-se uma fraqueza. A pessoa inconsciente de si é forte, mas sua força não tem nada a ver com ela mesma – ela vem do além.

Quando você está autoconsciente, você está com problemas. Quando você está autoconsciente, você realmente está revelando sinais de que não sabe quem você é. Sua própria autoconsciência indica que você ainda não chegou à sua casa.

Aconteceu:

Quando uma bela jovem passava por ele, Mulla Nasruddin virou-se para olhar. Sua esposa disse com amuo: – Toda vez que você vê uma mulher bonita, você se esquece de que é casado.

– É aí que você se engana – disse Mulla. – Nada me torna mais consciente disso!

Quando você está autoconsciente, você realmente está revelando sinais de que não sabe quem você é. Sua própria autoconsciência indica que você ainda não chegou à sua meta. Os outros dizem a seu respeito – isso é irrelevante para você! Aliás, ninguém diz nada a seu res-

> Quando você está autoconsciente, você realmente está revelando sinais de que não sabe quem você é. Sua própria autoconsciência indica que você ainda não chegou à sua meta.

peito – quando as pessoas falam algo sobre você, o que elas dizem tem relação com elas mesmas.

Um dia eu estava em Jaipur e um homem veio me ver de manhã e disse:

– Você é divino.

Eu respondi: – Você está certo!

Ele estava sentado lá quando outro homem chegou. Ele era muito contrário ao meu jeito de ser e, então, disse: – Você é quase demoníaco.

Eu disse: – Você está certo!

O primeiro homem a chegar ficou um tanto preocupado. Ele disse: – O que você quer dizer com isso? Você me disse: "Você está certo", e agora diz a esse homem também: "Você está certo" – nós dois não podemos estar certos.

Eu disse a ele: – Não apenas vocês dois – mas milhões de pessoas podem estar certas a meu respeito, pois qualquer coisa que digam sobre mim diz respeito a elas mesmas. Como elas podem conhecer-me? Isso é impossível – elas nem conheceram a si mesmas ainda... Tudo o que disserem é apenas interpretação delas.

Diante disso, o homem disse: – Então, quem é você? Se é interpretação minha quando digo que você é divino, e se é interpretação dele quando ele diz que você é demoníaco, então quem você é?

Eu disse: – Eu sou apenas eu mesmo. Não tenho nenhuma opinião sobre mim mesmo, pois isso não é necessário. Eu simplesmente me sinto feliz com o fato de que eu sou eu mesmo, independentemente do que isso signifique. Sou feliz por eu ser eu mesmo.

Ninguém pode dizer nada a seu respeito. Qualquer coisa que as pessoas disserem sobre você diz respeito a elas mesmas. Mas você fica muito abalado, pois ainda está preso a um centro falso. Esse centro falso depende dos outros; assim, você está sempre procurando saber o que as pessoas estão dizendo a seu respeito. E você está sempre seguindo outras pessoas, está sempre tentando satisfazê-las. Você está sempre tentando ser respeitável, está sempre tentando homenagear seu ego. Isso é suicídio. Em vez de perturbar-se com o que as outras pessoas dizem a seu respeito, você deveria começar a olhar para dentro de si mesmo. Conhecer o verdadeiro eu custa caro. Mas as pessoas estão sempre à procura de coisas baratas.

Aconteceu:

Quando as dores nas costas de Mulla Nasruddin se tornaram insuportáveis, ainda que relutantemente, ele foi procurar um médico para diagnosticar seu problema.

– Bem – disse o médico –, seu problema pode ser curado com uma operação, duas semanas de internação e seis rigorosos meses de cama.

– Doutor, não tenho como pagar o custo de tudo isso! – exclamou Nasruddin.

– Bem, por 25 dólares eu posso "retocar" a chapa radiográfica – propôs, irônico, o médico.

Isso é barato! – "retoca" a chapa radiográfica, mas não o cura. É isso o que nós estamos fazendo, sempre retocando a "chapa radiográfica" e achando que, de algum modo, ocorrerá um milagre. Quando está homenageando seu ego, você está "retocando sua chapa radiográfica". Isso não o ajuda de nenhum modo, não o ajuda a se tornar saudável. É mais barato – nenhuma operação é necessária, nenhuma despesa alta. Mas qual o resultado disso? Você continua infeliz.

Você se torna respeitável, mas continua infeliz. Você se torna altamente apreciável pela sociedade – mas continua infeliz. Você é condecorado com medalhas de ouro, mas sua infelicidade continua. Essas medalhas de ouro não extinguirão sua infelicidade; recebê-las é como retocar a chapa radiográfica. Toda homenagem ao ego não é nada, senão o embuste de si mesmo. E você vai ficando mais fraco e mais fraco a cada dia. Seu corpo se enfraquece, sua mente se enfraquece, e, aos poucos, o ego que você criou com a combinação da mente e do corpo se enfraquece também. Seu medo aumenta cada vez mais; você fica como que sentado num vulcão que pode entrar em erupção a qualquer dia. Isso não lhe dá descanso. Não deixa que você relaxe um minuto sequer, não lhe concede nenhum momento de paz.

Assim que você consegue entender isso, toda a energia é canalizada em outra direção. A pessoa precisa conhecer-se a si mesma. Ela não pode ficar preocupada com o que as outras dizem a respeito dela.

Um amigo meu me enviou uma piada muito interessante:

Havia um sujeito em que ninguém prestava atenção, que não tinha nenhum amigo. Certo dia, ele estava numa convenção de representantes de vendas em Miami e viu que todas as outras pessoas estavam felizes, e rindo, e prestando atenção umas nas outras, exceto nele.

Numa noite, ele estava sentado em completo esquecimento quando conseguiu entabular conversa com outro representante. E contou a ele o seu problema. – Ah, eu sei como consertar isso! – exclamou o outro. – É só arranjar um camelo e desfilar com ele pelas ruas, e, em pouco tempo, todos o notarão, e você terá todos os amigos que quiser.

Como que por obra do destino, um circo estava encerrando suas atividades, e seus donos queriam vender um camelo. O homem o comprou e desfilou pelas ruas com ele, e, efetivamente, todos o notaram e prestaram atenção nele. Ele se sentiu no topo do mundo. Mas, uma semana depois, o camelo desapareceu. O homem ficou inconsolável e imediatamente telefonou para o jornal local para fazer anúncio do camelo perdido.

— É macho ou fêmea? – inquiriu o atendente sobre o animal.

— Macho ou fêmea? Como eu poderia saber? – disse o homem, aborrecido. Mas, em seguida, lembrou-se. – Ah, sim, claro, era macho, isso mesmo.

— Como você sabe disso? – inquiriu o atendente.

— Porque – disse o homem – , toda vez que eu passava pelas ruas com ele, as pessoas gritavam: 'Vejam que *schmuck* naquele camelo!'

Schmuck é um termo iídiche, uma palavra muito interessante. Ele tem dois significados, e muito relevantes – um deles é "idiota", e o outro – a princípio, parece muito pomposo – , genitália masculina. Mas, em certo sentido, ambos os significados estão profundamente relacionados. Os idiotas vivem apenas como seres sensuais – eles não conhecem outro tipo de vida. Portanto, *schmuck* é um termo perfeito. Se a pessoa tem tido uma vida exclusivamente sensualista, ela é estúpida, ela é idiota.

O ego é muito falaz. Ele vai escutando o que deseja escutar. Ele vai interpretando o que quer interpretar; ele nunca vê a realidade. Ele jamais permite que a realidade se revele a você. As pessoas que vivem envoltas pelo ego vivem atrás de cortinas. E essas cortinas não são inativas – elas são cortinas ativas; tudo o que passa por essas cortinas, elas o mudam e transformam.

E as pessoas vão vivendo num mundo criado por elas mesmas. O ego é o centro de seu mundo, de seu falso mundo – chame-o de *maya*, "ilusão" – e em torno do ego elas vão criando um mundo... diferente do mundo de qualquer outra pessoa. Somente elas vivem nesse mundo.

Quando você abandona o ego, você abandona todo um mundo que você criou em torno dele. Pela primeira vez, você se torna capaz de ver as coisas como elas são, e não como você gostaria que fossem. E, quando você consegue ver a realidade dos fatos da vida, você se torna capaz de conhecer a verdade.

Agora, uma história zen-budista:

> Um lutador chamado O-Nami, "grandes ondas", era muito forte e extremamente habilidoso na arte da luta. Em particular, ele derrotava até mesmo seu professor, mas, em público, seus próprios alunos conseguiam derrubá-lo.
>
> Angustiado, ele foi procurar um mestre zen que estava de passagem num templo à beira-mar e pediu-lhe conselhos.
>
> – Seu nome é "Grandes Ondas" – disse o mestre. – Portanto, fique no templo esta noite e escute o marulho das ondas do mar. Imagine que você é essas ondas; esqueça que você é lutador e faça como se você fosse essas ondas enormes, varrendo tudo pela frente.
>
> O-Nami aceitou o convite para ficar. Ele tentou pensar somente nas ondas, mas pensou também em outras coisas. Contudo, aos poucos, ele conseguiu passar a pensar apenas nas ondas. Elas foram ficando cada vez maiores à medida que a noite passava. Elas arrancaram as flores dos vasos diante da estátua de Buda, e depois os próprios vasos. E até mesmo o Buda de bronze foi levado por elas. Ao amanhecer, o templo estava inundado pelas águas do mar, mas O-Nami se mantinha sentado lá com um leve sorriso no rosto.

Cinco Obstáculos

Nesse dia, ele participou da competição de luta e venceu todas as rodadas. Desse dia em diante, ninguém no Japão conseguiu derrubá-lo mais.

Isso é uma história de autoconsciência e de como perdê-la, de como abandoná-la, de como se livrar dela. Tentemos fazer isso passo a passo.

Um lutador chamado O-Nami, "grandes ondas", era muito forte....

Todo ser humano é muito forte. Você não conhece sua força; isso é outra questão. Toda pessoa é muito forte – tem que ser, pois todos estão radicados em Deus, todos estão radicados no universo. Ainda que você pareça pequeno, você não é pequeno – você não pode sê-lo, em razão da própria natureza das coisas.

Hoje, os cientistas afirmam que, mesmo na pequenez do átomo, existe muita energia – Hiroshima e Nagasaki foram destruídas pela energia atômica. E o átomo é de fato muito pequeno – ninguém o conseguiu ver ainda! Ele é apenas produto da inferência humana, de dedução; ninguém jamais viu um átomo. Apesar de todos os instrumentos sofisticados que a ciência tem atualmente, ninguém ainda o viu – tão pequeno e com tanta energia...

Quando você abandona o ego, você abandona todo um mundo que você criou em torno dele. Pela primeira vez, você se torna capaz de ver as coisas como elas são, e não como você gostaria que fossem.

Se o átomo pode ter tanta energia, que dizer a respeito do homem? Que dizer sobre essa flama de consciência no homem? Se algum dia es-

> Ao pôr-se à cata de prestígio, autoridade política, o que você está procurando? Você está procurando poder, força – e força é algo que está à sua disposição o tempo todo, logo ali na esquina. Mas você está procurando no lugar errado.

sa pequena chama irromper da consciência, certamente se tornará uma fonte infinita de luz e energia. É isso o que tem acontecido com os iluminados, ou com os santos.

Toda pessoa é muito forte porque toda pessoa é imensamente divina. Todos são fortes porque todos estão radicados em Deus, na própria origem da existência. Lembre-se disso.

A mente humana costuma esquecer-se disso. Quando se esquece disso, você se enfraquece. Quando se enfraquece, você começa a tentar achar meios artificiais para se tornar forte. É o que milhões de pessoas estão fazendo. Quando se põe à procura de dinheiro, o que você está realmente procurando? Você está procurando poder, você está procurando força.

Ao pôr-se à cata de prestígio, autoridade política, o que você está procurando? Você está procurando poder, força – e força é algo que está à sua disposição o tempo todo, logo ali na esquina. Mas você está procurando no lugar errado.

Um lutador chamado O-Nami "grandes ondas"...

Todos nós somos grandes ondas oceânicas. Talvez nós nos tenhamos esquecido disso, mas o oceano não se esqueceu de nós. Talvez nós nos tenhamos esquecido tanto disso, que não temos a mínima idéia do que é um oceano – contudo, nós estamos imersos no oceano. Mesmo que uma onda se esqueça do oceano e se torne indiferente a ele, ela ainda está nele – pois a onda não pode existir sem o oceano. O oceano pode existir sem a onda – talvez ele possa existir sem a onda – mas a onda não pode existir sem o oceano. A onda não é nada, senão uma ondulação do oceano; é uma parte, não é um sistema. É apenas o oceano deliciando-se em uma de suas criaturas. Deus, em seu gozo divinal, enche a Terra; Deus, em suas delícias, povoa a existência. É oceano procurando oceano, por simples prazer – uma energia tremenda – que fazer com ela?

Um lutador chamado O-Nami "grandes ondas" era muito forte...

Mas essa força só é possível quando a onda sabe que ela é uma onda de um grande, de um infinito oceano. Se a onda se esquece disso, a onda fica muito fraca. E nosso esquecimento é assombroso; nossa memória é muita pequena, minúscula – esquecimento, assombroso. E nos mantemos nesse estado de esquecimento, e aquilo que é óbvio demais nós esquecemos muito facilmente. Aquilo que está muito próximo nós esquecemos muito facilmente. Aquilo que está à nossa disposição nós esquecemos muito facilmente.

Você se lembra de que tem respiração? Você só se lembra disso quando há algum problema – quando tem um resfriado, um problema respiratório, ou outra coisa; de outro modo, quem se lembra da respiração? É por isso que as pessoas apenas se lembram de Deus quando elas estão em apuros. A não ser assim, quem se lembra dele? E Deus está mais próximo de você do que sua respiração, mais do que você o está de si mesmo. As pessoas costumam esquecer-se disso. Já prestou atenção nisso? Quando você deixa de ter algo, você se lembra dele. Quando o tem consigo, você não liga para ele. Já que Deus não pode ser perdido, é muito difícil lembrarmo-nos dEle. Somente pouquíssimas pessoas conseguem lembrar-se dEle. Lembrarmo-nos daquilo de que jamais estivemos distantes é muito difícil.

Os próprios peixes do oceano se esquecem da água que os abriga. Jogue os peixes na praia, na areia, na areia quente, e aí eles se tornam conscientes dela. Então, os peixes se lembram da água. Mas não há como expulsá-lo de Deus; não há praia no oceano de Deus – Deus é um oceano sem praia. E você não é como os peixes, você é como as ondas. Você é exatamente como Deus; a sua natureza e a natureza de Deus são iguais.

Eis, pois, o significado simbólico da escolha dessa história.

Ele era extremamente habilidoso na arte da luta. Em particular, ele derrotava até mesmo seu professor...

Mas, em particular, porque, assim, ele devia ser capaz de esquecer-se de si mesmo.

Lembre-se deste sutra.* Quando se lembra de si mesmo, você se esquece de Deus; quando se esquece de si mesmo, você se lembra de Deus – e você não pode lembrar-se dos dois ao mesmo tempo. Quando a onda pensa em si mesma como onda, ela se esquece de que é oceano. Quando a onda se reconhece como oceano, como então ela se pode lembrar dela mesma como onda? De duas, apenas uma é possível: ou a onda pensa em si mesma como onda, ou como oceano. É uma *gestalt*; você não pode lembrar-se de ambos ao mesmo tempo; isso é impossível.

Na privacidade, ele chegava a derrotar seu mestre; mas, em público, seus próprios discípulos o batiam.

Longe do público, ele devia ficar completamente esquecido do próprio eu, do ego. Então, ele se sentia extremamente forte. Diante do público, ele devia ficar muito autoconsciente. Aí ele ficava fraco. Autoconsciência é fraqueza. Auto-esquecimento é força.

---

* Aforismo ou coleção de aforismos da literatura hindu. (N. do T.)

Cinco Obstáculos

Angustiado, ele foi procurar um mestre zen que estava de passagem num templo à beira-mar e pediu-lhe conselhos.

– "Grandes Ondas" é o seu nome – disse o mestre. – Portanto, fique no templo esta noite e ouça o marulho das ondas do mar.

Mestre é alguém que consegue achar soluções para cada tipo de pessoa. O mestre é uma pessoa que não tem soluções fixas. Ele olha para a pessoa, o tal de O-Nami – "Grandes Ondas" –, apenas para o nome, e cria uma solução com base nele. Logo que soube que o nome dele era O-Nami, Grandes Ondas, o mestre disse: – Seu nome é Grandes Ondas. Portanto, fique no templo esta noite e escute o marulho das ondas do mar.

Ouvir é um dos segredos básicos para entrar no templo de Deus. Ouvir significa passividade. Ouvir significa esquecimento completo de si mesmo – só então você é capaz de ouvir. Quando você ouve alguém atentamente, você se esquece de si mesmo. Se não consegue esquecer-se de si mesmo, você não pode ouvir. Quando está muito consciente de si mesmo, você simplesmente finge que está ouvindo – você não ouve de fato. Talvez você abane a cabeça; talvez você diga sim e não às vezes – mas você não está ouvindo.

Quando ouve, você se torna um simples canal – um elemento passivo, receptivo, um útero. Você se torna feminino. E para chegar, você precisa tornar-se femini-

Quando você ouve alguém atentamente, você se esquece de si mesmo. Se não consegue esquecer-se de si mesmo, você não pode ouvir. Quando está muito consciente de si mesmo, você simplesmente finge que está ouvindo – você não ouve de fato.

no. Você não pode alcançar a Deus como invasor agressivo, conquistador. Você só pode alcançar a Deus... ou melhor, Deus só pode alcançá-lo quando você é receptivo, um elemento receptivo. Quando você se torna yin, o princípio feminino, a porta se abre. E você aguarda.

Ouvir é a arte de se tornar passivo. Buda enfatizou muito a necessidade de se ouvir, Mahavira enfatizou muito a necessidade de se ouvir, Krishnamurti continua a enfatizar bastante a necessidade de se ouvir. Os ouvidos são simbólicos. Já percebeu isso? Seus ouvidos não são nada, senão canais, simples buracos, nada mais. Seus ouvidos são mais femininos do que seus olhos; seus olhos são mais masculinos. Seus ouvidos são yin, seus olhos são yang. Quando você olha para alguém, você está sendo agressivo; quando você dá ouvidos a alguém, você está sendo receptivo.

É por isso que olhar para alguém durante muito tempo se torna algo vulgar, indelicado, grosseiro. Há certo limite nisso; os psicólogos falam em três segundos. Se você fica olhando para alguém durante três segundos, tudo bem; é tolerável. Mais do que isso, aí você já não está olhando – você está fitando, você está ofendendo a pessoa; você está invadindo sua privacidade. Mas escutar uma pessoa não tem limites, pois os ouvidos não podem invadir a privacidade de ninguém. Eles simplesmente permanecem no lugar que lhes pertence.

Os olhos precisam de repouso. Você já percebeu? À noite, os olhos precisam

---

O primeiro passo é a receptividade, pois, no estado de receptividade, o ego não pode existir – ele só consegue existir em situações de conflito. E, quando você é receptivo, sua capacidade de imaginação se torna inesperadamente muito grande.

descansar. Os ouvidos não precisam de descanso; eles ficam abertos 24 horas por dia, entra ano, sai ano. Os olhos não conseguem ficar abertos mesmo durante alguns minutos – piscam constantemente, descansam sempre. A agressão cansa, pois a agressão consome sua energia; por isso os olhos têm que piscar, descansar constantemente. Os ouvidos estão sempre descansados.

É por isso que a música tem sido usada por muitas religiões para lidar com a prece – pois a música tornará seus ouvidos mais vibrantes, mais sensíveis. A pessoa tem que se tornar mais ouvidos e menos olhar.

– Você simplesmente presta atenção – disse o mestre. – Simplesmente ouve. Nada mais é necessário – simplesmente continua a ouvir sem procurar saber por que, sem idéia do que está acontecendo. Apenas continue a ouvir sem interpretar nada, sem nenhuma atividade de sua parte.

– E, depois: – *Imagine que você é aquelas ondas*.

Primeiro ouça, entre em sintonia com as ondas, e quando sentir que está então em silêncio total e receptivo, imagine

> Essas pessoas são poetas, pintores, dançarinos, músicos – elas absorvem o universo em profunda receptividade e, depois, transbordam em sua imaginação tudo o que absorveram.

que você é essas ondas. Esse é o segundo passo. Primeiro, não seja agressivo; torne-se receptivo. E, quando tiver se tornado receptivo, simplesmente se funda àquelas ondas, comece a imaginar que você é aquelas ondas.

O mestre o está aconselhando a abandonar o seu eu, o seu ego. O primeiro passo é a receptividade, pois, no estado de receptividade, o ego não pode existir – ele só consegue existir em situações de conflito. E, quando você é receptivo, sua capacidade de imaginação se torna inesperadamente muito grande.

As pessoas receptivas, sensíveis, são pessoas imaginativas. Aquelas que conseguem contemplar o verdor das plantas, sem nenhuma agressão de sua parte, por mais sutil que seja – que tipo de pessoas consegue simplesmente embeber-se do viço das árvores, quem consegue apenas absorvê-lo como se fossem esponjas – essas pessoas se tornam muito criativas, muito imaginativas. Essas pessoas são poetas, pintores, dançarinos, músicos – elas absorvem o universo em profunda receptividade e, depois, transbordam em sua imaginação tudo o que absorveram.

> Somente a pessoa criativa sabe como livrar-se do enfado; a pessoa criativa não sabe o que é enfado. Ela vive entusiasmada, embevecida, ela está sempre em estado de ventura.

A imaginação é uma de suas faculdades que mais se aproxima dos atributos de Deus. Deus deve ter uma imaginação enorme, não? – então veja o mundo dEle. Apenas imagine! – um mundo com tanta criatividade, com tantas flores, e com tantas borboletas, e com tantas árvores, e com tantos rios, e com tantas pessoas... Apenas imagine a Sua imaginação! Com tantas estrelas, e com tantos mundos – mundos além de mundos, sem fim... Ele deve ser um grande sonhador.

No Oriente, os hindus dizem que o mundo é o sonho de Deus, Sua imaginação. O mundo é Sua magia, Sua imaginação. Ele o está sonhando, e nós somos parte do Seu sonho.

Quando o mestre disse a O-Nami: – Imagine que você é essas ondas –, ele dizia. – Então, você se torna receptivo. Primeiro, você se torna receptivo e, depois, você se torna criativo. – E, assim que abandona o ego, você se torna tão flexível, que qualquer coisa que você imagine se materializa. Então, sua imaginação passa a tornar-se a sua própria realidade.

— Esqueça que você é lutador e faça como se você fosse essas ondas enormes, varrendo tudo pela frente.
O-Nami aceitou o convite. O-Nami aceitou o convite para ficar. Ele tentou pensar somente nas ondas...

Logicamente, foi difícil no começo, *ele pensou em outras coisas*. É natural – mas ele persistiu. Ele devia ser muito paciente. *Aos poucos, ele conseguiu passar a pensar apenas nas ondas*. Finalmente, o momento chegou....Se insistir, se persistir, certamente chega o momento em que ocorre aquilo que você vem desejando através de muitas vidas – mas é necessário paciência.

Contudo, aos poucos, ele conseguiu passar a pensar apenas nas ondas. Elas foram ficando cada vez maiores à medida que a noite passava.

Essas ondas não são as ondas reais, do oceano, que foram ficando cada vez maiores. Embora não haja nenhuma distinção entre as ondas de sua imaginação e as ondas reais. Essa distinção desaparece. Agora, ele não sabe o que é o quê; o que é sonho e o que é real, ele já não sabe. Ele voltou a ser criança. Somente as crianças são capazes disso.

De manhã, a criança chora pelo brinquedo que vira no sonho, e o quer de volta, e diz: "Onde está o meu brinquedo?" E você insiste em dizer que foi apenas um sonho, mas ela pergunta: "Mesmo assim, onde ele está agora?"

>
>
> Primeiro, você se torna receptivo e, depois, você se torna criativo. – E, assim que abandona o ego, você se torna tão flexível, que qualquer coisa que você imagine, se materializa. Então, sua imaginação passa a tornar-se a sua própria realidade.

Para ela, não há diferença entre o sonho e o despertar. Ela não conhece a diferença entre os dois. A realidade para ela é uma só.

Quando se torna receptivo, você se assemelha a uma criança.

Agora, voltemos às ondas:

Elas foram ficando cada vez maiores à medida que a noite passava. Elas arrancaram as flores nos vasos diante da estátua de Buda, e depois os próprios vasos. E até mesmo o Buda de bronze foi levado por elas.

Isso é magnífico! É muito difícil para um budista imaginar que uma estátua de Buda está sendo tirada do lugar. Se ele tivesse sido muito apegado à sua religião, esse teria sido o momento em que ele seria completamente desligado de sua imaginação. Ele teria dito: "Tudo tem limite! O Buda sendo levado embora? – que estou fazendo? Não, não sou mais uma onda." Ele se haveria detido diante da estátua de Buda, ele teria tocado os pés da estátua, mas não mais do que isso. Todavia, lembre-se de que, um dia, mesmo esses pés que o têm ajudado imensamente em sua caminhada têm que partir. Os iluminados também têm que ser levados embora, pois a porta pode tornar-se um obstáculo se você se agarrar a ela.

> Cada vez maiores... Elas arrancaram as flores dos vasos diante da estátua de Buda, e depois os próprios vasos. E até mesmo o Buda de bronze foi levado por elas. Ao amanhecer, o templo estava inundado pelas águas do mar...

Não que isso tenha acontecido realmente – isso aconteceu a O-Nami. Lembre-se disto: se você tivesse estado no templo então, você não teria visto as águas avançando sobre ele – isso estava acontecendo somente a O-Nami, e numa dimensão totalmente diferente da de seu ser. É a dimensão da poesia, da imaginação, do sonho – do intuitivo, do feminino, do infantil, do inocente. Ele tinha aberto as portas de sua faculdade imaginativa. Ao ouvir as ondas, ao mostrar-se receptivo, ele se tornou imaginativo. Sua imaginação abriu-se como uma lótus de mil e uma pétalas.

> Ao amanhecer, o templo estava inundado pelas águas do mar, mas O-Nami se mantinha sentado lá com um leve sorriso no rosto.

Ele se tornou um iluminado! O-Nami esboçou no rosto o mesmo sorriso furtivo que, um dia, Buda também esboçou. De repente, era como se ele já não existisse – e esse era o sorriso, o sorriso da volta para casa. O sorriso que indica que, agora, não há mais nenhum lugar para ir. O sorriso de quem alcançou a fonte, o sorriso de que a pessoa morreu e renasceu.

> O-Nami se mantinha sentado lá com um leve sorriso no rosto.
> Nesse dia, ele participou da competição de luta e venceu todas as rodadas. Desse dia em diante, ninguém no Japão conseguiu derrubá-lo mais.

Porque, agora, a energia não é mais dele. Ele não é mais O-Nami – ele não é mais as ondas, ele é o oceano agora. Como você pode derrotar o oceano? Você pode derrotar somente as ondas.

Quando abandona o ego, você abandona toda derrota, fracasso, frustração. Mantenha o ego, e você estará fadado ao fracasso. Mantenha o ego, e você continuará fraco. Abandone o ego e uma força infinita começa a fluir através de seu ser. Pelo abandono do ego, você se torna um rio, você começa a fluir, você começa a fundir-se, você começa a escorrer – você se torna vigoroso.

Toda a vida pertence ao Todo. Se você estiver tentando viver por conta própria, você está simplesmente sendo estúpido. É como se uma folha estivesse tentando viver sozinha – e não apenas isso, mas também combatendo a árvore, combatendo outras folhas, achando que todas elas são inimigas dela. Nós somos folhas presas a uma árvore, uma grande árvore – chame-a Deus, ou o Todo, ou como quiser, mas todos nós somos pequenas folhas da infinita árvore da vida. Não há nada a combater. A única forma de voltar para casa é render-se.

2. PERFECCIONISMO

Em dada ocasião, ouvi uma bela história. Havia um excelente escultor, pintor, grande artista. Sua arte era tão perfeita, que, quando ele fazia a estátua de uma pessoa, era difícil dizer quem era a pessoa e quem era a estátua. Ela ficava muito verossímil, muito natural, muito parecida com um ser humano.

Certo dia, um astrólogo disse a ele que sua morte estava próxima, que ele iria morrer logo. Logicamente, ele ficou muito amedrontado e assustado, e, assim como todo homem faz o que pode para evitar a morte, ele também o fez. Assim, ele pensou a respeito, meditou, e achou uma solução. Ele fez estátuas de si mesmo, onze ao todo, e, quando a Morte bateu à sua porta, quando o Anjo da Morte entrou, ele se escondeu atrás de suas onze estátuas. E prendeu a respiração.

O Anjo da Morte ficou confuso, não podia acreditar no que seus olhos estavam vendo. Isso nunca tinha acontecido – era algo tão incomum! Jamais se soubera que Deus havia criado duas pessoas idênticas; suas criações são sempre únicas. A Deus jamais apeteceu a rotina, Ele não é como uma linha de montagem. Ele é absolutamente contra esse negócio de cópias, Ele faz apenas obras originais. Que aconteceu? Doze pessoas ao todo, absolutamente idênticas? Agora, a quem levar embora? Somente uma tem que ser levada...

O Anjo da Morte não conseguiu decidir-se. Confuso, preocupado, nervoso, ele voltou para o lugar de onde viera. E perguntou a Deus: – O que o Senhor fez? Encontrei lá doze pessoas exatamente iguais, e estou incumbido de trazer apenas uma. Como eu poderia escolhê-la?

Deus riu. Ele solicitou que o Anjo da Morte se aproximasse dele e segredou-lhe a solução no ouvido, a chave para distinguir o real do irreal. Ele deu a ela um código secreto e lhe disse: – Agora vá e o pronuncie naquele quarto em que o artista se mantém escondido entre suas próprias estátuas.

Então, o Anjo da Morte perguntou: – Como isso funcionará?

Deus lhe respondeu: – Não se preocupe. Vá lá e tente.

O Anjo da Morte partiu, ainda sem acreditar que o expediente funcionaria, mas, quando Deus afirma, cumpre o que diz. Ele entrou no quarto, olhou em volta e, sem se dirigir a alguém em especial, disse: – Senhor, tudo está perfeito, exceto uma coisa. Há um erro aqui.

O homem se esqueceu completamente de seu esconderijo. E saltou de onde estava, dizendo: – Onde?

A Morte riu. E disse: – Peguei você! Esse é seu único erro; você não consegue esquecer-se de si mesmo. Venha, siga-me.

Comumente, o artista é a pessoa mais egoísta do mundo. Mas, nesse caso, ele não é um verdadeiro artista. Ele tem usado a arte como meio de sua viagem egoística. Os artistas são muito egoístas, constantemente gabando-se e sempre combatendo uns aos outros; cada um acha que é o primeiro e o último. Mas isso não é arte verdadeira.

O verdadeiro artista se apaga completamente. Já aquelas pessoas são apenas técnicos; não os chamarei de artistas, mas técnicos. Não os chamarei de criadores; eu os chamarei de meros compositores. Sim, compor um poema é uma coisa; criar um poema é outra bem diferente. Para fazer poesia, a pessoa precisa conhecer o idioma, sua gramática, as regras da poética. É um jogo de palavras, e, se você conhece bem o jogo, consegue criar poesia. Não será algo muito poético, mas terá a aparência de poesia. Tecnicamente, talvez fique perfeita, mas será poesia que terá somente corpo – sua alma ficará faltando.

A alma só aparece quando o artista desaparece pela fusão com a sua arte – ele deixa de estar separado dela. Quando o pintor pinta com abandono tal, que chega a ausentar-se de sua obra, chega a viver um drama de consciência, pois sabe que ele não a fez... Ele sabe que alguma força desconhecida a criou por meio dele, ele sabe que foi possuído. Essa tem sido a experiência através das eras de todos os artistas realmente grandiosos: a sensação de ser possuído. Quanto maior o artista, mais clara se torna essa sensação.

> A alma só aparece quando o artista desaparece pela fusão com a sua arte – ele deixa de estar separado dela. Alguma força desconhecida a criou por meio dele; ele sabe que foi possuído. Essa tem sido a experiência através das eras de todos os artistas realmente grandiosos: a sensação de ser possuído. Quanto maior o artista, mais clara se torna essa sensação.

E os maiores – um Mozart, Beethoven, Kalidasa, Rabindranath Tagore – os maiores têm certeza absoluta de que foram ou têm sido nada mais que bambus ocos e de que a existência é quem canta por meio deles. Eles são como flautas, mas a melodia não é deles. Ela flui por meio deles, mas vem de uma fonte desconhecida. Eles não lhe opõem resistência – isso é tudo o que eles fazem – mas eles não a criam.

É um paradoxo. O verdadeiro criador sabe que não criou nada. A existência é que tem trabalhado por intermédio dele. Ela o possui, às suas mãos, ao seu ser, e cria algo por meio dele. Ele é mero instrumento. Isso é arte de verdade, na qual o artista desaparece. Ali, não há questionamentos do ego. E, assim, a arte se torna religiosidade. Ali, o artista é um místico, não apenas tecnicamente correto, mas existencialmente autêntico.

Quanto menos do artista houver em sua obra, mais perfeita ela será. Quando o artista se ausenta completamente dela, então a criatividade é algo absolutamente perfeito – você deveria lembrar-se dessa relação. Quanto mais presente o artista em sua obra, menos perfeita ela será. Se o artista está muito presente nela, seu produto pode ser cansativo, neurótico. Sua obra é apenas ego – que mais pode ser?

Ego é neurose. E mais uma coisa a ser lembrada: o ego sempre quer ser perfeito. O ego é muito perfeccionista. O ego sempre quer ser mais alto e melhor do que os outros; por isso, ele é perfeccionista. Mas, por meio do ego, a perfeição jamais é possível; portanto, o esforço é absurdo. A perfeição é possível somente quando o ego não o é – mas, nesse caso, a pessoa não pensa em perfeição, absolutamente.

Assim, o verdadeiro artista jamais pensa em perfeição. Ele nem sabe o que é perfeição; ele simplesmente se entrega, numa espécie de deixar que o barco corra, e o que for, será. Certamente, o verdadeiro artista busca a plenitude, mas jamais a perfeição. Tudo o que ele deseja é estar imerso na plenitude. Só isso. Quando dança, ele sente vontade de desaparecer na própria dança. Ele não quer aparecer, pois a presença do dançarino é causa de perturbação da dança. A graça, a fluidez, são perturbadas, obstruídas. Quando o dançarino se ausenta da dança, todas as pedras lhe desaparecem do caminho, a fluidez é silenciosa, suave.

Certamente, o verdadeiro artista busca a plenitude – e como ser pleno? – mas jamais busca a perfeição. E a beleza disso é que os que são íntegros nunca são perfeitos. Os que buscam a perfeição nunca são perfeitos, plenos. Ao contrário, quanto mais eles buscam a perfeição, mais neuróticos se tornam. Eles têm ideais. Eles estão sempre comparando e sempre fracassando!

Se você tem um ideal, a menos que esse ideal seja alcançado, você jamais se acha perfeito. Mas como você pode ser pleno em seus atos? Se você acha, por exemplo, que tem de tornar-se um bailarino como Nijinsky, como você pode ser pleno na arte da dança? Você está sempre olhando, observando a si próprio, tentando melhorar, receoso de cometer erros. Você está dividido – uma parte de você está dançando; outra parte está além, crítica, condenando-o, reprovando-o. Você está dividido, repartido.

> Quanto menos do artista houver em sua obra, mais perfeita ela será. Quando o artista se ausenta completamente dela, então a criatividade é algo absolutamente perfeito – você deveria lembrar-se dessa relação.

Nijinsky foi perfeito, pois era pleno. Era comum ocorrer, quando ele dançava e realizava saltos durante a apresentação, o fato de as pessoas quase não acreditarem no que viam. Seus saltos eram tais, que pareciam desafiar a lei da gravidade – as coisas que ele fazia simplesmente não podiam ocorrer! E, quando ele voltava para o piso, isso parecia ocorrer tão lentamente quanto uma pena em queda para o solo...isso também era contrário à lei da gravidade.

As pessoas sempre o indagavam a respeito disso. Quanto mais as pessoas o inquiriam, mais ele ia tornando-se consciente, e mais isso foi desaparecendo. Chegou mesmo o momento em sua vida em que isso deixou de acontecer, e a razão disso foi o fato de que ele se tornou consciente do fenômeno – ele perdeu sua plenitude. E ele acabou entendendo isso, por que deixou de acontecer. Acontecia, mas somente quando Nijinsky se perdia completamente na fusão com a dança. Nessa perda plena de si mesmo, em estado de relaxamento total, a pessoa vibra num mundo completamente diferente, de acordo com os princípios reguladores de leis diferentes.

Deixe-me falar sobre uma lei que, mais cedo ou mais tarde, a ciência descobrirá. Eu a chamo de lei da graça. Assim como a lei da gravitação... trezentos anos atrás, ela não era conhecida. Ela existia mesmo antes de ter sido descoberta; uma lei não precisa ser conhecida para que vigore e regule. A lei sempre vigorou e regulou; não tem nada a ver com Newton, e a maçã caindo da árvore. As maçãs já caíam antes de Newton também! Não é que Newton a tenha descoberto, e, depois disso, as maçãs começaram a cair. A lei estava lá; Newton a descobriu.

Também assim, existe outra lei – a lei da graça, que eleva. A lei da gravitação atrai os seres para baixo; a lei da graça soergue os seres para as alturas. Na ioga, ela é chamada de levitação. Em certo estado de abandono, em certo estado de embevecimento – ébrio de Deus – em certo estado de entrega completa, livre do ego, essa lei age sobre o ser. E ele flutua. Ele fica sem peso.

>
> Certamente, o verdadeiro artista busca a plenitude, jamais a perfeição. Seu desejo é estar integrado à sua obra. Quando dança, ele sente vontade de desaparecer na própria dança.

Isso estava acontecendo no caso de Nijinsky. Mas você não pode fazer isso acontecer, pois, se você estiver presente, ela não agirá.

O ego é como uma pedra presa ao seu pescoço. Quando o ego está ausente, você fica sem peso. E você ainda não sentiu isso algumas vezes em sua vida? Há ocasiões em que você parece achar-se num estado de leveza total. Você caminha sobre a terra, mas seus pés não parecem tocar o solo; é como se você estivesse um metro acima dele. Em momentos de alegria, em momentos de prece, em momentos de meditação, em momentos de celebração, em momentos de amor... e você parece ficar sem peso, e flutuar.

> Há ocasiões em que você parece achar-se num estado de leveza total. Você caminha sobre a terra, mas seus pés não parecem tocar o solo; é como se você estivesse um metro acima dele. Em momentos de alegria, em momentos de prece, em momentos de meditação, em momentos de celebração, em momentos de amor... e você parece ficar sem peso, e flutuar.

E eu digo que mais cedo ou mais tarde a ciência terá que descobri-la, pois a ciência acredita em certo princípio: o princípio da bipolaridade. Nenhuma lei existe que não tenha o seu oposto. A eletricidade não pode funcionar apenas com um pólo, só com o positivo ou só com o negativo; ambos são necessários. Eles se complementam.

A ciência sabe: cada lei tem um oposto que a complementa. A gravidade deve ter uma lei oposta a ela, que a complementa. Essa lei eu chamo, despretensiosamente, de graça – qualquer outro nome talvez seja aceitável no futuro, pois os cientistas, quando a descobrirem, não a chamarão de graça. Mas esse parece ser o mais perfeito para mim.

3. INTELECTO

A expressão "mente contemporânea" parece contraditória. A mente nunca é contemporânea, ela é sempre "antiga". A mente é passado – passado, passado, e nada mais. Mente significa memória; não existe mente contemporânea. Ser contemporâneo é não ter mente.

Se você é o aqui e o agora, você é atual. Mas, então, não percebe isso? Sua mente desaparece! Nenhum pensamento lhe ocorre, nenhum desejo o acomete; você se desliga do passado e do futuro.

A mente nunca é original; nem pode ser. A ausência da mente é original, novo, fresco; a mente é sempre velha, corrompida, passada.

Mas a expressão é usada – e num sentido totalmente fora da realidade. Nesse sentido, suas palavras são significativas. A mente do século XIX era diferente; as perguntas que se faziam, você não as faz. As questões que eram muito importantes no século XIX são questões estúpidas agora. "Quantos anjos podem dançar na cabeça de um alfinete?" era uma das mais importantes questões teológicas da Idade Média.

> A mente é passado – passado, passado, e nada mais. Mente significa memória; não existe mente contemporânea. Ser contemporâneo é não ter mente.

Atualmente, você conhece alguém estúpido a ponto de que achar importante essa questão? E isso foi discutido pelos grandes teólogos; não pessoas humildes, mas grandes eruditos compunham tratados sobre isso. Faziam-se conferências para tratar da questão. "Quantos anjos...?" Agora, quem se importa com isso? Isso é simplesmente irrelevante.

No tempo de Buda, a grande questão era: "Quem criou o mundo?" Embora ela tenha sido feita através dos séculos, cada vez menos pessoas estão preocupadas em saber quem criou o mundo. Sim, algumas pessoas são tradicionais, mas muito raramente elas me fazem esse tipo de pergunta. Mas ao Buda ela era feita todos os dias; nenhum dia sequer devia passar sem que alguém lhe perguntasse: "Quem criou o mundo?" Buda tinha que dizer uma vez após outra que o mundo sempre existiu, que ninguém o criou; mas as pessoas não ficavam satisfeitas. Agora, ninguém se importa com isso. Muito raramente, alguém me pergunta: "Quem criou o mundo?" Nesse sentido, a mente vai-se transformando à medida que o tempo passa. Nesse sentido, a mente contemporânea é uma realidade.

O marido diz à sua esposa: "Eu disse que não sairemos hoje à noite, mas vou pensar nisso." *Isto,* sim, é mente contemporânea. No passado, nenhum marido diria isso. Era ponto final mesmo; a última palavra era a dele.

> Duas damas inglesas da alta sociedade se encontraram por acaso enquanto faziam compras em Londres. Uma notou que a outra estava grávida e perguntou: – Mas, querida, que surpresa! Obviamente, você se casou desde a última vez que a vi!
>
> A outra responde: – Sim. Ele é um homem maravilhoso. Ele é oficial no regimento dos gurcas.
>
> A interpelante ficou horrorizada. – Gurca! Querida, eles não são todos negros?
>
> – Oh, não – respondeu a outra. – Somente os cabos.
>
> – Querida, mas isso é muito atual! – exclamou a interpelante.

Nesse sentido, a mente contemporânea existe. De outro modo, não há mente contemporânea. A moda vem e se vai; se você pensar em termos de moda, há mudança. Mas, basicamente, toda mente é antiqua-

Cinco Obstáculos

da. A mente como tal é antiquada, e não há como haver, assim, mentes modernas; toda mente é do passado, por mais "moderna" que seja.

A pessoa realmente viva é a pessoa do aqui e agora. Ela não vive do passado, ela não vive do futuro; ela vive somente o momento atual, para o momento atual. O momento atual é tudo. Ela é espontânea; essa espontaneidade é a essência da idéia da ausência de mente. A mente é repetitiva, a mente sempre se move em círculos. A mente é um mecanismo: você a enche de conhecimento, e ela repete esse conhecimento. Ela fica ruminando o mesmo conhecimento ano após ano, era após era.

A ausência de mente é clareza, pureza, inocência. Viver com ausência de mente é a melhor forma de vida, a verdadeira forma de saber, a verdadeira forma de ser.

O INTELECTO É ALGO ESPÚRIO, ALGO FALSO: é o substituto da inteligência. A inteligência é um fenômeno inteiramente diferente – é algo verdadeiro.

A inteligência precisa de enorme coragem, a inteligência precisa de uma vida aventurosa. A inteligência precisa que você esteja sempre entrando no domínio do desconhecido, num oceano inexplorado. Então, a inteligência se desenvolve, torna-se arguta. E ela só se desenvolve quando encontra o desconhecido constantemente. As pessoas têm medo do desconhecido, as pessoas ficam inseguras com o desconhecido. Elas não gostam de ir além do que lhes é familiar; por isso, criaram um substituto falso, artificial, para a inteligência – elas o chamam de intelecto.

> A pessoa realmente viva é a pessoa do aqui e agora. Ela não vive do passado, ela não vive do futuro; ela vive somente o momento atual, para o momento atual. O momento atual é tudo.

O intelecto é apenas um jogo mental. Ele não pode ser criativo.

É só visitar universidades e ver que tipo de trabalho criativo é feito lá. Milhares de tratados estão sendo feitos; as pessoas obtêm diplomas de doutor, de mestre, diplomas importantes. Mas ninguém chega a saber o que acontece com suas teses; elas não param de aumentar a pilha de lixo das bibliotecas. Ninguém jamais as lê, ninguém jamais se sente inspirado por elas – sim, algumas pessoas as lêem; essas são o mesmo tipo de pessoas que farão outra tese. Logicamente, os pretendentes a títulos de doutor as lerão.

Mas suas universidades não geram Shakespeares, Miltons, Dostoevskys, Tolstoys, Rabindranaths, Kahlil Gilbrans. Suas universidades geram apenas lixo, completamente inútil. Isso que ocorre nas universidades é atividade intelectual.

A inteligência é um Picasso, um Van Gogh, um Mozart, um Beethoven. O âmbito da inteligência é algo totalmente diferente. Não tem nada a ver com a cabeça; tem algo a ver com o coração. O intelecto está na cabeça; a inteligência é um estado de vigilância do coração. Quando seu coração está vigilante, quando seu coração está embalado por uma profunda gratidão quando seu coração está em harmonia com a existência, dessa harmonia nasce a criatividade.

Não é possível haver nenhum tipo de criatividade intelectual. Isso só pode produzir lixo – isso é produtivo, capaz de gerar algo – mas não

>
> As pessoas têm medo do desconhecido, as pessoas ficam inseguras com o desconhecido. Elas não gostam de ir além do que lhes é familiar; por isso, criaram um substituto falso, artificial, para a inteligência – elas o chamam de intelecto. O intelecto é apenas um jogo mental. Ele não pode ser criativo.

Cinco Obstáculos

pode ser criativo. E qual a diferença entre produzir e criar? A produção é uma atividade mecânica. Os computadores fazem isso – eles estão fazendo isso, e fazendo-o de uma forma muito mais eficiente do que a que se pode esperar do homem. A inteligência cria; ela não produz. O ato de produzir envolve repetição de tarefas: aquilo que já foi feito, você continua a produzir. Criatividade significa trazer à existência aquilo que é novo; abrir caminho para que o desconhecido penetre o conhecido; abrir um canal para que o Céu venha à Terra.

Quando se trata de um Beethoven ou um Michelangelo ou um Kalidasa, o céu se abre, flores caem do além como chuva. Não estou lhes falando nada a respeito de Buda, Cristo, Krishna, Mahavira, Zoroastro, Maomé, por esta razão: porque o que eles criam é tão sutil, que você não será capaz de compreendê-lo. Aquilo que um Michelangelo cria é palpável; aquilo que um Van Gogh cria pode ser visto, é visível. Aquilo que um iluminado cria é absolutamente invisível. Precisa de um tipo de receptividade totalmente diferente para ser compreendido. Para entender um iluminado, você tem que ser inteligente. Não apenas porque a obra de um iluminado seja de uma inteligência magnífica, mas porque é também tão sublime, é tão supramental, que, para entendê-la, você terá que ser inteligente. O intelecto não o ajudará nem mesmo no entendimento dela.

Só dois tipos de pessoas criam – os poetas e os místicos. O poeta cria no mun-

> Criatividade significa trazer à existência aquilo que é novo, abrir caminho para que o desconhecido penetre o conhecido, abrir um canal para que o Céu venha à Terra. Quando se trata de um Beethoven ou de um Michelangelo ou um de Kalidasa, o céu se abre, flores caem do além como chuva.

do denso, e o místico cria no mundo sutil. O poeta cria no mundo exterior – um poema, uma pintura, uma canção, música, dança – e o místico cria no mundo íntimo. A criatividade do poeta é objetiva; e a criatividade do místico é subjetiva, totalmente íntima. Primeiro, você tem que entender o poeta. Somente assim você consegue entender um dia – pelo menos pode esperar ser capaz de entender um dia – o místico. O místico é a flor mais sublime da criatividade. Mas talvez você não consiga ver nada que o místico pode ver.

Um iluminado jamais pintou um único quadro, jamais pegou o pincel nas mãos, jamais compôs um único poema, jamais entoou uma única canção. Ninguém jamais o viu dançar. Se você o observar, verá que ele fica sentado em silêncio; todo o seu ser é apenas silêncio. Sim, um estado de graça o envolve, de infinita beleza, de sublime beleza, mas você precisa estar muito acessível para ver isso. Você terá que estar muito aberto, sem questionar. Você não pode ser espectador diante de um iluminado; você tem que ser participante, pois é um mistério participar disso. Então, você verá o que ele está criando. Ele está criando consciência, e consciência é a forma de expressão mais pura, mais sublime possível.

Uma canção é algo belo, a dança é algo belo, pois algo do divino está presente nelas. Mas, num iluminado, Deus está totalmente presente. É por isso que chamamos o Buda de "Bhagwan", por isso que chamamos Mahavira de "Bhagwan" – Deus está inteiramente presente.

A atividade intelectual pode torná-los especialistas em certas coisas, e pessoas úteis, eficientes. Mas o intelecto é algo que tateia no escuro. Ele não tem olhos, pois ainda não é meditativo. O intelecto é como algo tomado emprestado, não tem introspecção por si mesmo.

O assunto era fazer amor. Durante semanas, Arthur tinha respondido com sucesso todas as perguntas feitas a ele num programa de perguntas e respostas televisivo. Agora, ele estava

Cinco Obstáculos

classificado para concorrer ao prêmio máximo de 100 mil dólares. Na pergunta que lhe poderia conceder o prêmio, ele tinha permissão de recorrer a um especialista. Logicamente, Arthur escolheu um sexólogo francês mundialmente famoso.

A pergunta da premiação máxima foi: — Se tivesse sido rei durante os primeiros cinqüenta anos do império assírio, cite três partes do corpo de sua noiva que você acha que ela gostaria que você beijasse na primeira noite da sua lua-de-mel.

As duas primeiras foram citadas prontamente. — A boca e o pescoço — Arthur respondeu.

Agora, indeciso quanto à terceira parte que deveria dar como resposta, Arthur voltou-se ansiosamente para o especialista. O francês jogou as mãos para cima e resmungou: — *Alors, mon ami*, não me pergunte. Já errei duas vezes.

> O especialista, o douto, o intelectual, não tem luz própria. Ele depende do conhecimento adquirido, da tradição, da convenção.
> Ele leva bibliotecas na cabeça, um fardo enorme, mas ele não tem visão.

O especialista, o douto, o intelectual, não tem luz própria. Ele depende do conhecimento adquirido, da tradição, da convenção. Ele leva bibliotecas na cabeça, um fardo enorme, mas ele não tem visão. Ele carrega muito sem saber absolutamente nada.

E pelo fato de a vida nunca ser a mesma, nunca — ela está em constante transformação, de momento a momento ela se renova — o especialista sempre fica para trás, sua resposta é sempre inadequada. Ele consegue apenas reagir; ele não consegue responder, pois não é espontâneo. Ele já chegou a conclusões. Ele tem sempre respostas prontas — mas as

96   CRITIVIDADE

>
>
> Quando se apega demais à lógica, você jamais consegue fazer parte do processo vital que a existência é. A vida é mais do que simples lógica.
> A vida é paradoxo, a vida é mistério.

questões que a vida nos apresenta são sempre novas.

Além disso, a vida não é um fenômeno lógico, e o intelectual vive por meio da lógica; por isso, ele nunca se harmoniza com a vida, e a vida nunca se harmoniza com ele. Obviamente, a vida jamais se confunde; o intelectual, sim, se confunde. Ele está sempre se sentindo como um forasteiro – não que a vida o tenha expulsado de si; ele mesmo que decidiu ficar de fora da vida. Quando se apega demais à lógica, você jamais consegue fazer parte do processo vital que a existência é.

A vida é mais do que simples lógica. A vida é paradoxo, a vida é mistério.

Gannaway e O'Casey combinaram travar um duelo usando pistolas. Gannaway era muito gordo, e, quando viu o esguio adversário de frente para ele, objetou.

– Debar! – disse ele. – Sou duas vezes mais corpulento do que ele. Portanto, eu deveria ficar duas vezes mais distante dele do que ele de mim.

Absolutamente lógico, mas como se pode fazer isso?

– Fique tranqüilo – respondeu o interpelado. – Conserto isso num instante. – E, tirando um pedaço de giz do bolso, riscou duas linhas pelo casaco abaixo do duelante gordo, deixando um espaço entre elas.

– Agora – ele disse, voltando-se para O'Casey –, atire, e lembre-se de que qualquer tiro fora dessa linha não vale.

Matematicamente preciso, perfeitamente lógico! – mas a vida não é tão lógica, a vida não é tão matemática. E as pessoas continuam a viver muito logicamente em seu intelecto. A lógica lhes faz sentir-se como se soubessem – mas esse é um senhor "como se", e as pessoas costumam esquecer-se completamente disso. Qualquer coisa que você insista em continuar fazendo por meio do intelecto é apenas inferência. Não é vivência da verdade, mas apenas dedução baseada em sua lógica – e sua lógica é invenção sua.

Cudahy, bêbado até os ossos, deteve-se de pé para observar a procissão do dia de São Patrício. Inconscientemente, deixou cair o cigarro aceso sobre um velho colchão abandonado ao meio-fio.
Imediatamente, as integrantes de cabelos grisalhos do Women's Nursing Corps aproximaram-se, empertigadas. Ao mesmo tempo, o colchão fumarento começou a exalar um cheiro horrível.
Cudahy fungou algumas vezes e segredou a um policial próximo: – Policial, eles estão fazendo essas enfermeiras marcharem demais!

O intelecto pode chegar a certas conclusões, mas por um processo inconsciente. É como se você estivesse agindo sonolentamente.
A inteligência é lúcida, e, a menos que você esteja completamente desperto, qualquer decisão que você tome mais cedo ou mais tarde está fadada a mostrar-se equivocada. Está fadada a isso, está condenada a mostrar-se errônea porque é produto de uma conclusão obtida por uma mente inconsciente.

> O intelecto pode chegar a certas conclusões, mas por um processo inconsciente. É como se você estivesse agindo sonolentamente. A inteligência é lúcida, e, a menos que você esteja completamente desperto, qualquer decisão que você tome mais cedo ou mais tarde está fadada a mostrar-se equivocada.

Para usar a inteligência, você não precisa de mais informações; você precisa de mais meditação. Você precisa fazer mais silêncio, você precisa pensar menos. Você precisa tornar-se menos mente e mais coração. Você precisa tomar consciência da magia que o circunda – magia que é vida, magia que é Deus, magia presente no verdor das árvores e no vermelho das rosas, magia presente nos olhos das pessoas. A magia está em toda parte! Tudo é miraculoso, mas, por causa de seu intelecto, você permanece isolado em si mesmo, agarrado às conclusões tolas a que chegou em seu estado de inconsciência ou fornecida a você por outras pessoas, tão inconscientes quanto você.

Mas, certamente, a inteligência é criativa, pois ela o conduz a um estado de funcionamento pleno – não apenas uma parte de você, uma pequena parte, a cabeça. A inteligência faz vibrar todo o seu ser; cada célula dele, cada fibra da sua vida começa a bailar e entra em harmonia sutil com o Todo.

Criatividade é isso: pulsar em absoluta harmonia com o Todo. E as coisas começam a ocorrer espontaneamente. Seu coração começa a transvasar canções de júbilo, suas mãos começam a transformar as coisas. Você toca a lama, e ela se transforma em flor de lótus. Você consegue transformar-se num alquimista. Mas isso é possível somente por meio de um grande despertar da consciência, um grande despertar do seu coração.

4. CRENÇA

O criador não sustenta muitas crenças – aliás, nenhuma. Ele só leva consigo suas próprias experiências. E a beleza da experiência é que ela é sempre um canal aberto, pois, por ele, é também sempre possível avançar. A crença é um sistema fechado; ela leva o homem a um ponto máximo. A crença está sempre pronta e acabada. A experiência nunca está acabada, ela permanece inacabada. Enquanto você está vivo, como sua experiência pode terminar? Sua experiência está sempre aumentando, renovando-se, movendo-se. Está sempre movendo-se do conhecido para o desconhecido, e do desconhecido para o cognoscível. E, lembre-se, a experiência é bela porque nunca termina. Algumas das maiores canções são aquelas que estão inacabadas. Alguns dos maiores livros são aqueles que estão inacabados. Algumas das maiores obras de arte são aquelas que estão inacabadas. O inacabado tem beleza.

Para usar a inteligência, você não precisa de mais informações; você precisa de mais meditação. Você precisa fazer mais silêncio, você precisa pensar menos. Você precisa tornar-se menos mente e mais coração.

Certa vez, contaram-me a seguinte parábola zen-budista:

Um rei procurou um mestre zen para aprender jardinagem. O mestre o instruiu durante três anos – e o rei tinha um grande, belo jardim – milhares de jardineiros trabalhavam lá – e, tudo o que o mestre dizia, o rei ia e experimentava no seu jardim. Depois de três anos, o jardim ficou pronto, e o rei convidou o mestre para ir ver o jardim. Aliás, o rei estava muito nervoso, pois o mestre era rigoroso: "Ele gostará do jardim?" – isso ia ser uma espécie de teste – "Será que ele dirá: 'Sim, você assimilou minhas lições?'"

Todos os cuidados foram providenciados. O jardim ficou comovedoramente perfeito, sem que nada lhe faltasse. Somente então o rei trouxe o mestre para vê-lo. Mas o mestre ficou triste assim que viu o jardim. Ele olhou aqui e ali, moveu-se de um lado para o outro, e foi ficando cada vez mais sério. O rei ficou muito apreensivo. Ele jamais vira o mestre tão sério: "Por que ele parece tão triste? Há algo tão errado assim?"

E o mestre não parava de menear a cabeça e dizer a si mesmo: "Não."

Então, o rei perguntou-lhe: – Qual o problema, mestre? Que há de errado? Por que você não fala nada? Você está ficando muito sério e triste, e não pára de abanar a cabeça. Por quê? Que há de errado? Não vejo nada errado. Tudo isto é o que você me tem ensinado e o que eu tenho posto em prática no jardim.

– Ele está tão bem-acabado, que está morto. Está muito completo – é por isso que estou meneando a cabeça e dizendo não. Onde estão as folhas mortas? Onde estão as folhas secas? Não vejo uma folha seca sequer! – disse o mestre. – Todas as folhas secas tinham sido recolhidas – nas alamedas não havia folhas secas; nas árvores não havia folhas secas, nenhuma folha velha que se houvesse amarelado. – Onde estão essas folhas?

O rei respondeu: – Eu disse a meus jardineiros que removessem todas, que o tornassem tão perfeito quanto possível.

– É por isso que ele parece tão sem graça, tão artificial. As coisas de Deus jamais são acabadas – tornou o mestre. E saiu, saiu do jardim do qual todas as folhas secas haviam sido recolhidas. E voltou trazendo algumas folhas secas num balde, lançou-as ao vento, e o vento as apanhou e começou a brincar com as folhas secas e a espalhá-las pelas veredas. E o mestre rejubilou-se com isso. E disse: – Veja agora, como ele parece vivo! – E uma melodia natural impregnou o ambiente com as folhas secas – a melodia das folhas secas, do vento a brincar com elas.

Agora o jardim sussurrava; antes disso, parecia sem vida, morto como o ambiente de um cemitério. Seu silêncio não tinha vida.

Adoro essa história. O mestre disse: – Está tão completo, é por isso que está ruim.

Numa noite dessas, apareceu uma mulher aqui. Ela me dizia que estava escrevendo um romance, e ela está muito indecisa a respeito do que fazer. Ela chegou ao ponto em que a obra pode ser concluída, mas há também a possibilidade de ser ampliada; em verdade, ela ainda não parece completa. Eu disse à mulher: – Termine-a. Termine-a enquanto ela está inacabada – aliás, isso dá à obra algo de misterioso – esse inacabamento.... E eu disse a ela: – Se seu personagem principal ainda quer fazer algo, faça com que ele se torne uma *sannyasin*, uma buscadora. Além disso, as coisas estão além de sua capacidade. Que fazer então? Você chega ao fim, mas as coisas continuam a crescer.

Nenhuma história pode ser bela se ela estiver completamente acabada. Ela estará morta. A experiência é como uma porta sempre aberta – isso significa que ela está sempre inacabada. A crença é sempre completa e acabada. A maior das qualidades é a abertura a experiências novas.

A mente é o conjunto de todas as suas crenças. Abertura significa ausência da mente; abertura significa pôr a mente de lado e mostrar-se disposto a ver sempre a vida de uma nova maneira, nunca com os mesmos olhos. A mente o faz ver as coisas com uma visão tradicional; ela sempre lhe oferece as mesmas idéias: "Veja as coisas por esse ponto de vista." Mas, nesse caso, a coisa ganha uma aparência falsa; você projeta nela uma idéia preconcebida. Assim, a verdade se torna uma tela na qual você projeta aquilo que deseja.

Veja a vida sem a mente, veja-a através do nada, do *shunyata*. Quando você vê a vida sem a mente, sua percepção das coisas é precisa, pois, assim, você as vê como elas são. E a verdade liberta. Qualquer outra coisa gera escravidão; somente a verdade liberta.

Nesses momentos de ausência da mente, a verdade começa a filtrar-se através de você como a luz que atravessa certos corpos. Quanto mais você desfruta dessa luz, da verdade, mais você adquire capacidade e coragem para abandonar a mente. Mais cedo ou mais tarde, chega o dia em que você olha e já não tem mente. Você não fixa o olhar em nada; você simplesmente fica olhando. Seu olhar mostra-se puro. Então, você se torna *avalokita*, aquele que vê com pureza nos olhos. Esse é um dos nomes do Buda – "Avalokita". Ele olha sem idéias na mente; ele simplesmente olha.

A mente é o conjunto de todas as suas crenças. Abertura significa ausência da mente; abertura significa pôr a mente de lado e mostrar-se disposto a ver a vida de uma nova maneira, nunca com os mesmos olhos.

CRIATIVIDADE NÃO TEM NADA A VER COM NENHUM TIPO DE ATIVIDADE ESPECIAL, com pintura, poesia, dança, canto – não tem nada a ver com nada em especial. Qualquer coisa pode ser criativa; é você que confere essa qualidade à atividade. Atividade em si não é algo criativo nem sem criatividade. Você pode pintar um quadro sem criatividade, você pode limpar o piso sem criatividade, você pode cozinhar sem criatividade. Criatividade é a qualidade que você acrescenta à atividade que você está realizando. Ela resulta de uma atitude, de uma abordagem íntima – de como você vê as coisas.

Portanto, a primeira coisa a lembrar é: não restrinja a criatividade a nada em especial. É a pessoa que é criativa – e, se a pessoa é criativa, qualquer coisa que ela faça... Mesmo quando ela anda você vê que em seu jeito de andar há criatividade. Mesmo quando ela se senta em silêncio, sem fazer nada – mesmo sua inatividade será uma atitude criativa.

O Buda sentado sob a figueira sem fazer nada revela-se como o maior criador que o mundo conheceu.

Quando você entender isso – que é você, a pessoa, que é criativa ou sem criatividade – então o problema de sentir-se como se você fosse alguém sem criatividade desaparece.

Nem todo mundo pode ser pintor – e também não há necessidade disso. Se todos fossem pintores, o mundo seria muito ruim; seria difícil viver! Nem todo mundo pode ser dançarino, e não há necessidade disso. Mas todos podem ser criativos.

Qualquer coisa que você faça, se a fizer com alegria, se a fizer com amor, se a sua razão de fazê-la não for puramente econômica, ela será criativa. Se algo cresce demais dentro de seu ser, se ele o faz crescer, ele é espiritual, ele é criativo, ele é divino. Você se torna mais divino à medida que se torna mais criativo. Todas as religiões do mundo têm dito que Deus é o criador. Não sei se ele é o criador ou não, mas uma coisa eu sei: quanto mais sua criatividade aumenta, mais divino você se torna. Quando sua criatividade atinge o auge, quando toda a sua vida se torna criativa, você vive em Deus. Assim, ele deve ser o Criador, pois as pessoas criativas são as que mais próximo dele estão.

> Criatividade é a qualidade que você acrescenta à atividade que você está realizando. Ela resulta de uma atitude, de uma abordagem íntima – de como você vê as coisas.

Ame o que você faz. Seja meditativo quando estiver fazendo – qualquer coisa que seja, independentemente do que seja. Então, você saberá que até uma tarefa de limpeza pode tornar-se criativa. E com que amor! – é quase como se você estivesse cantando e dançando por dentro. Quando limpa o piso com esse amor, você pinta um quadro invisível. Você viveu esse momento com tanta alegria, que isso lhe proporcionou crescimento íntimo. Não há como você ser a mesma pessoa depois de um ato criativo.

Criatividade significa amar tudo o que você faz – rejubilar-se com isso, festejá-lo! Talvez ninguém venha a conhecê-lo – quem o elogiará por limpar o chão? A história não terá nenhum registro disso; os jornais não publicarão seu nome e sua foto, mas o que você faz é importante. Você se rejubilou com isso. O valor é intrínseco.

Portanto, se você está procurando obter fama e acha que é criativo – se você se tornar famoso como Picasso, você é criativo – você está equivocado. Nesse caso, você não é, em verdade, nem um pouco criativo; você é político, ambicioso. Se a fama vier, ótimo. Se não vier, ótimo. Essa não deve ser a questão. A questão deve dizer respeito ao fato de você estar gostando do que está fazendo, de que é para você um caso de amor.

> Qualquer coisa que você faça, se a fizer com alegria, se a fizer com amor, se a sua razão de fazê-la não for puramente econômica, ela será criativa.

Quando seus atos são como um caso de amor para você, eles produzem coisas criativas. As pequenas coisas se tornam grandes sob o toque do amor e da alegria.

Mas, se você acredita que não é criativo, você se torna uma pessoa sem criatividade – pois crer não é apenas acreditar. O ato de crer abre e fecha portas. Quando sua crença é equivocada, o produto dessa crença fica à sua volta como uma cerca. Quando você acha que não é criativo, você se torna uma pessoa sem criatividade, pois essa crença obstrui, nega continuamente, todas as possibilidades de fluxo de energias criativas. Isso impedirá que sua energia flua porque é como se você ficasse o tempo todo a dizer: "Eu não sou criativo."

Cinco Obstáculos

Isso tem sido ensinado a todas as pessoas. Muito poucos são aceitos como pessoas criativas – uns poucos pintores, poetas, um em um milhão. Isso é tolice! Todo ser humano é um criador nato. Observe as crianças e você verá: todas são criativas. Aos poucos, nós destruímos sua criatividade. Aos poucos, nós lhes impomos crenças equivocadas. Aos poucos, nós as deviamos do caminho. Aos poucos, nós as tornamos mais e mais mesquinhas e ambiciosas.

Quando a ambição aparece, a criatividade desaparece – pois a pessoa ambiciosa não pode ser criativa; uma pessoa ambiciosa não consegue ter amor por nenhuma atividade. Enquanto pinta, ela fica com o pensamento no benefício que poderá conseguir com isso. Ela pensa: "Quando ganharei um Prêmio Nobel?" Enquanto escreve um romance, seu pensamento está distante; ela passa o tempo todo pensando no futuro – mas a pessoa criativa está sempre no presente.

Nós destruímos nossa capacidade criativa. Ninguém nasce sem criatividade, mas fazemos com que 90% das pessoas

> Se a fama vier, ótimo. Se não vier, ótimo. Essa não deve ser a questão. A questão deve dizer respeito ao fato de você estar gostando do que está fazendo, de que é para você um caso de amor.

percam sua criatividade. E pôr a responsabilidade na sociedade não ajuda. Você tem que tomar sua vida em suas próprias mãos. Você tem que abandonar condicionamentos equivocados. Você tem que abandonar sugestões errôneas, hipnóticas, que lhe foram transmitidas na infância. Abandone-as! Livre-se de todos os condicionamentos...e, de repente, você vê que é criativo.

Existir e ser criativo são sinônimos. É impossível existir e não ser criativo. Mas essa coisa impossível ocorreu, esse fenômeno horrível ocorreu porque todas as suas fontes de criatividade foram obstruídas, bloqueadas, destruídas, e toda a sua energia foi forçadamente desviada para uma atividade que a sociedade acha que compensará.

Todas as nossas atitudes para com a vida são governadas pelo dinheiro. E o dinheiro é uma das coisas mais sem criatividade pela qual alguém pode interessar-se. Todo o nosso trato das coisas da vida é voltado para a obtenção de poder. Mas o poder é destrutivo e, nele, não há criatividade. A pessoa que persegue o dinheiro se torna destrutiva, pois o dinheiro, para ser obtido, tem que ser roubado, explorado, dos outros; ele tem que ser tirado de muitas pessoas; só assim você pode tê-lo. Ser poderoso significa simplesmente que você tem que tornar muitas pessoas indigentes; você tem que destruí-las; só assim você se torna poderoso, pode ser poderoso. Lembre-se: essas atitudes são destrutivas.

A atitude criativa aumenta a beleza do mundo; ela dá alguma coisa ao mundo; nunca tira nada dele. A pessoa criativa chega ao mundo e aumenta a beleza dele – uma canção aqui, um quadro acolá. Ela faz o mundo dançar mais graciosamente, alegrar-se mais, amar mais, meditar mais. Quando deixa este mundo, ela deixa para trás um mundo melhor. Talvez ninguém chegue a conhecê-la; isso é irrelevante – o importante que é ela deixa ao mundo um mundo melhor, e o deixa plenamente realizada, pois sua vida teve valor intrínseco.

Crer não é apenas acreditar. O ato de crer abre e fecha portas. Quando sua crença é equivocada, o produto dessa crença fica à sua volta como uma cerca. Quando você acredita que não é criativo, você se torna uma pessoa sem criatividade, pois essa crença obstrui, nega continuamente, todas as possibilidades de fluxo de energias criativas.

Dinheiro, poder, prestígio, são coisas em que não há criatividade – e resultam não apenas da falta de criatividade, mas de atividades destrutivas. Cuidado com elas! E, se você se precavém contra eles, você pode tornar-se criativo facilmente. Não estou dizendo que sua criatividade lhe dará poder, prestígio, dinheiro. Não, não posso prometer-lhe jardins de rosas. Talvez, de fato, isso lhe traga problemas. Isso pode forçá-lo a levar uma vida bastante modesta. Tudo o que posso prometer-lhe é que, no fundo da alma, você será a pessoa mais rica possível; no fundo da alma, você se sentirá realizado; no fundo da alma, você ficará cheio de alegria e júbilo.

Muito poucos são aceitos como pessoas criativas – uns poucos pintores, poetas, um em um milhão. Isso é tolice! Todo ser humano é um criador nato. Observe as crianças e você verá: todas são criativas.

Você receberá sempre cada vez mais bênçãos; sua vida será abençoada.

É possível que, exteriormente, você não seja famoso; talvez não tenha dinheiro; talvez não tenha sucesso nisto que chamamos de mundo. Mas ser bem-sucedido nisto que se chama de mundo é fracassar terrivelmente, é fracassar no seu mundo íntimo. E que você fará com todo o mundo a seus pés se tiver perdido seu próprio eu? Que você fará se possuir o mundo inteiro e não possuir a si mesmo? A pessoa criativa possui o próprio ser; ela é um mestre.

É por isso que no Oriente nós chamamos os buscadores da verdade de "swamis". Swami significa mestre. Lá, mendigos são chamados de swamis – mestres. Outrora imperadores, mas que provaram no fim das contas, na conclusão de suas vidas, que eram mendigos. A pessoa que vive à caça de dinheiro, poder e prestígio é um mendigo, pois ela está sempre pedindo, ela não tem nada para dar ao mundo.

Seja caridoso. Divida tudo o que for possível – e lembre-se: não faça distinção entre coisas pequenas e coisas grandes. Se puder sorrir sinceramente, segure a mão da pessoa e sorria. Isso é um ato criativo, um ato grandioso. Basta que você abrace alguém calorosamente, que estará sendo criativo. Basta que olhe para alguém com amor... um único olhar amável pode mudar todo o mundo dela.

Seja criativo. Não se preocupe com o que esteja fazendo – a pessoa tem mesmo que fazer muitas coisas – mas faça tudo criativamente, com dedicação. Assim, seu trabalho se torna adoração; desse modo, qualquer coisa que você faça é uma prece a Deus, uma oferta diante do altar divino.

Abandone toda crença de que você não é criativo. Sei como essas crenças são originadas – talvez você não tenha sido ganhador de medalhas de ouro na universidade, talvez não tenha sido o maior da turma. Talvez seus quadros não tenham atraído elogios; quando toca flauta, os vizinhos se queixam de você à polícia! Mas, apenas por causa dessas pequeninas coisas, não desenvolva a crença errônea de que você não é criativo.

Talvez você esteja imitando outras pessoas. As pessas têm uma idéia muito limitada do que é ser criativo – tocar violão ou flauta, ou fazer poesia – por isso, as pessoas estão sempre produzindo lixo com o rótulo de poesia. Você precisa descobrir aquilo que você é capaz de fazer e aquilo que você não é capaz de fazer. Ninguém pode fazer tudo! Você precisa procurar e achar o seu destino.

> Se puder sorrir sinceramente, segure a mão da pessoa e sorria. Isso é um ato criativo, um ato grandioso. Basta que você abrace alguém calorosamente, que estará sendo criativo. Basta que olhe para alguém com amor... um único olhar amável pode mudar todo o mundo dela.

É necessário tatear nas trevas, eu sei. A linha do destino nunca se apresenta muito clara aos olhos – mas a vida é assim mesmo. E é bom que a pessoa tenha que procurá-la; no próprio ato da busca, algo cresce dentro dela.

Se o roteiro de sua vida lhe fosse dado quando você estivesse chegando ao mundo – "Essa será a sua vida; você se tornará violonista" – sua vida seria mecânica. Somente o funcionamento de uma máquina pode ser previsto, o do homem não. O homem é imprevisível. O homem é sempre um canal aberto...uma fonte de mil e uma potencialidades. Muitas portas se abrem e muitas alternativas se apresentam a cada passo – e você tem que escolher, você tem que sentir. Mas, se você ama sua vida, será capaz de achar o que deseja.

Se você não ama a sua vida, mas outra coisa, então existe algum problema. Se você ama o dinheiro e quer ser criativo, você não o será. A própria ambição por dinheiro destruirá sua criatividade. Se você deseja a fama, esqueça essa coisa de criatividade. A fama vem mais facilmente quando você é destrutivo. A fama vem mais facilmente para um Adolf Hitler; a fama vem mais facilmente para um Henry Ford. A fama é mais fácil quando você é competitivo, violentamente competitivo. Quando você é capaz de matar e destruir pessoas, a fama vem mais facilmente.

A História inteira é uma história de assassinos. Quando você se torna assassino, a fama vem facilmente. Você pode tornar-se primeiro-ministro, você pode tornar-se presidente – mas isso não passa de mascaramento. Atrás da máscara, você encontra pessoas violentas, sorrindo, mas escondidas atrás de terrível violência. São sorrisos políticos, diplomáticos. Quando a máscara cai, você sempre depara um Gengis Khan, um Tamerlão, um Nadir xá, um Napoleão, um Alexandre, um Hitler, que se escondiam atrás dela.

Se quiser fama, não fale em criatividade. Não estou dizendo que a pessoa criativa nunca alcança a fama – mas isso raramente ocorre, muito raramente. É mais como obra do acaso, e leva muito tempo, muito tempo para chegar. Quase sempre se dá o fato de, quando a fama chega para uma pessoa criativa, ela já ter morrido – ela é sempre póstuma, atrasada.

Jesus não foi famoso em seu tempo. Se a Bíblia não existisse, não haveria informações sobre ele. Essas informações foram transmitidas por quatro de seus discípulos; ninguém mais fez menção dele, do fato de ele ter existido ou não. Ele não foi famoso. Ele não foi uma pessoa bem-sucedida – você consegue pensar em alguém mais "fracassado" do que Jesus? Mas, aos poucos, ele se tornou mais e mais importante para a humanidade; aos poucos, as pessoas reconheceram o seu valor. Isso leva tempo.

Quanto mais grandiosa a pessoa, mais tempo leva para as outras reconhecerem seu valor – pois, quando uma pessoa valorosa nasce, não existe critério com que se possa julgá-la, não há mapa com que se possa localizá-la na imensidão da experiência humana. Ela cria seus próprios valores; quando da época em que seus valores estão estabelecidos, ela já morreu. São necessários centenas de anos para que uma pessoa criativa seja reconhecida, embora isso também não seja infalível. Muitas pessoas criativas jamais foram reconhecidas. O reconhecimento do valor de uma pessoa criativa é algo fortuito. Para a pessoa sem criatividade, destrutiva, o reconhecimento é mais certo.

>
>
> Se você quer realmente ser criativo, então isso não pode envolver a questão do dinheiro, do sucesso, do prestígio, da respeitabilidade – sem ela, você faz o que faz porque gosta do que faz e cada ato da sua atividade tem um valor intrínseco. Você dança porque gosta de dançar; você dança porque se rejubila com a dança.

Portanto, se você estiver buscando outra coisa em nome da criatividade, abandone a idéia de ser criativo. Pelo menos conscientemente, deliberadamente, faça aquilo que deseja fazer. Jamais se esconda atrás de máscaras. Se você quer realmente ser criativo, então isso não pode envolver a questão do dinheiro, do sucesso, do prestígio, da respeitabilidade – sem ela, você faz o que faz porque gosta do que faz e cada ato da sua atividade tem um valor intrínseco. Você dança porque gosta de dançar; você dança porque se rejubila com a dança. Se alguém admirar o seu trabalho, ótimo, você se sente grato por isso. Se ninguém o admirar, você não tem que se preocupar com isso. Você dançou, e gostou disso – você está realizado.

Mas acreditar que você não é criativo pode ser perigoso – abandone isso! Todos são criativos – até mesmo as árvores, até mesmo as pedras. As pessoas que conhecem as árvores e as amam sabem que cada árvore cria seu próprio espaço. Cada pedra cria seu próprio espaço; e ele é diferente de todos os outros espaços. Se, por empatia, você se torna sensível, capaz de entender isso, você se beneficia enormemente disso. Você percebe que cada árvore é criativa a seu próprio modo; nenhuma outra árvore é igual a outra – cada uma delas é única, cada uma tem sua individualidade. Cada pedra tem sua individualidade. Árvores não são apenas árvores; elas são pessoas. Pedras não são apenas pedras; elas são pessoas. Sente-se ao lado de uma pedra – observe-a amorosamente, toque-a amorosamente, sinta-a amorosamente.

Consta a respeito de um mestre budista que ele era capaz de mover pedras muito grandes, remover pedras muito grandes – e ele era um homem muito frágil. O que ele fazia parecia impossível se a pessoa visse sua compleição – homens mais fortes, muito mais fortes do que ele, não conseguiam mover as mesmas pedras, mas ele simplesmente as arrastava facilmente.

Perguntavam a ele qual era o truque. Ele dizia: – "Não há truque – eu amo a pedra; assim, a pedra colabora. Primeiro, eu digo a ela: 'Olhe: a minha reputação está nas suas mãos, e estas pessoas vieram observar-me. Portanto, ajude-me, coopere comigo.' Ok? Em seguida, eu simplesmente seguro a pedra amorosamente... fico aguardando o sinal. Quando a pedra me dá o sinal – é um calafrio, toda a minha espinha começa a vibrar – quando a pedra me dá o sinal, ela está pronta. Então, eu a movo. Você se move contra a pedra; é por isso que tanta energia é necessária. Eu me movo com a pedra, fluo junto com ela. Aliás, é errado dizer que eu a movo – eu simplesmente movo a mim mesmo. A pedra é que se move por si só."

Um grande mestre budista era carpinteiro, e, sempre que fazia mesas, cadeiras, elas pareciam apresentar uma qualidade inefável, um imenso magnetismo. Perguntavam a ele: – Como você as faz?

Ele respondia: – Eu não as faço. Eu simplesmente vou à floresta... a única coisa a fazer é perguntar à floresta, às árvores, qual delas está pronta para tornar-se cadeira.

Essas coisas parecem absurdas, pois não as conhecemos, não conhecemos essa linguagem. Durante três dias, ele permanecia na floresta. Ele se sentava sob uma árvore, depois sob outra, e também caminhava de uma para outra – parecia um louco! Mas a árvore deve ser julgada pelo fruto que dá, e o mestre tem também que ser julgado pelos frutos de sua obra. Algumas de suas cadeiras ainda existem na China – elas ainda têm seu magnetismo característico. Você simplesmente se sente atraído por elas, e identifica o que o está atraindo – mesmo depois de mil anos! Algo muito bonito.

Ele dizia: "Vou lá e digo que estou à procura de uma árvore que queira tornar-se cadeira. Pergunto às árvores se alguma delas está disposta a isso – e não apenas disposta, mas se deseja cooperar comigo, se está pronta para ir comigo – somente então é feita a escolha. Às vezes, ocorre o fato de nenhuma árvore estar pronta para tornar-se cadeira e eu voltar de mãos vazias."

Cinco Obstáculos

Houve uma ocasião em que o imperador da China pediu que ele lhe fizesse uma estante para seus livros. E o carpinteiro foi à floresta e, depois de três dias, disse: – Será necessário esperar – nenhuma árvore está pronta para vir para o palácio.

Depois de três meses, o imperador indagou-lhe a respeito da estante. O carpinteiro respondeu: – Tenho ido lá constantemente. Estou tentando persuadir alguma. Espere um pouco mais – uma delas parece estar querendo aceitar a proposta.

Finalmente, ele conseguiu persuadir a árvore. E disse: – O segredo está aí! Quando a árvore vem por livre e espontânea vontade, ela também está simplesmente pedindo a ajuda do carpinteiro.

Se você estiver apaixonado por algo, verá que toda a existência tem individualidade. Não force as coisas. Observe, comunique-se, peça ajuda – e muita energia será poupada.

Até mesmo as árvores são criativas. As pedras são criativas. Você é humano, o ponto máximo da existência. Você está no topo – você é consciente. Nunca se deixe levar por crenças negativas ou errôneas, e nunca se apegue a crenças negativas de que você não é criativo. Talvez seu pai lhe tenha dito que você não é criativo. Talvez você tenha estado procurando em lugares errados, nos quais você não é criativo. Mas deve haver algum em que você é criativo. Busque e procure e mantenha-se aberto, e continue a tatear até que você o encontre.

Toda pessoa vem a este mundo com uma destinação específica – ela tem algo a cumprir, alguma mensagem tem que ser entregue, algum trabalho tem que ser realizado. Você não está aqui por acaso – há um motivo para você estar aqui. Há um objetivo a ser alcançado. O Todo pretende fazer algo pelo seu intermédio.

Toda pessoa vem a este mundo com uma destinação específica – ela tem algo a cumprir, alguma mensagem tem que ser entregue, algum trabalho tem que ser realizado. Você não está aqui por acaso – há um motivo para você estar aqui. Há um objetivo a ser alcançado. O Todo pretende fazer algo por seu intermédio.

5. O JOGO DA FAMA

Toda a estrutura da nossa vida é tal que somos ensinados que, a menos que haja reconhecimento, não somos ninguém, somos inúteis. O trabalho não é importante, mas o reconhecimento é – isso é uma inversão de valores. O trabalho deve ser importante, um prazer em si. Você deveria trabalhar não para ser reconhecido, mas porque gosta de ser criativo, porque gosta do trabalho.

Essa é a forma pela qual deveríamos ver as coisas – se você ama o trabalho, você trabalha, e não pede reconhecimento por isso. Sua realização deveria ser o próprio trabalho. E, se todos aprenderem a singela arte de amar o trabalho, independentemente do que ele seja, de ter prazer em realizá-lo sem esperar reconhecimento, nós teremos um mundo melhor e mais feliz.

Tal como é, o mundo o tem mantido preso na armadilha de um padrão infeliz. Aquilo que você faz é bom não porque você gosta do que faz, porque você o faz perfeitamente, mas porque o mundo reconhece seu trabalho, e o recompensa, lhe dá medalhas de ouro, Prêmios Nobel. Todo o valor intrínseco da criatividade foi aniquilado e o de milhões de pessoas foi destruído – pois não se pode dar Prêmios Nobel a milhões de pessoas. Mas cria-se o desejo de reconhecimento em todos, de modo que ninguém possa trabalhar em paz, em silêncio, tendo prazer naquilo que se faz. Contudo, o valor da vida está nas pequenas coisas. Para essas coisas, não há recompensa, nenhum título concedido por governos, nenhum diploma conferido por universidades.

Um dos grandes poetas deste século, Rabindranath Tagore, viveu em Bengala, Índia. Ele havia publicado seus poemas, seus romances, em bengali – mas não obteve nenhum reconhecimento. Algum tempo depois, ele traduziu um pequeno livro, *Gitanjali*, "Oferendas de Cânticos", para o inglês. Ele estava consciente de que o original tinha uma beleza que a tradução não tinha nem podia ter – porque esses dois idiomas, o bengali e o inglês, têm estruturas diferentes, diferentes formas de expressão. O bengali é muito suave. Mesmo quando você briga ou discute, tem-se a impressão de que você está envolvido numa conversa agradável. É muito musical, cada uma de suas palavras é musical. Essa qualidade não existe no inglês nem pode ser transmitida a ele; o inglês tem características diferentes. Mas ele conseguiu traduzi-lo, e a tradução – pobre se comparada com o original – recebeu um Prêmio Nobel. Então, de repente, toda a Índia tomou conhecimento disso... O livro estivera à venda em bengali e em outros dialetos hindus durante anos, mas ninguém havia tomado conhecimento dele.

Todas as universidades quiseram dar-lhe o título de doutor *honoris causa*. A Universidade de Calcutá, da mesma cidade em que morou, foi a primeira, obviamente, a oferecer-lhe um título honorífico. Ele recusou. E disse: – Vocês não estão dando-me um diploma; vocês não estão reconhecendo o meu trabalho; vocês estão prestigiando o Prêmio Nobel – pois o livro tem estado aqui de uma forma muito mais bela, e ninguém se deu ao trabalho nem mesmo de escrever um artigo de crítica sobre ele. – Ele se recusou a aceitar todos os títulos honoríficos. E disse ainda: – Isso é insulto para mim.

Jean-Paul Sartre, um dos grandes romancistas e homem de grande penetração no âmbito da psicologia humana, recusou o Prêmio Nobel. Ele disse: "Recebi prêmios suficientes enquanto fazia o meu trabalho.

Um Prêmio Nobel não pode acrescentar nada a isso – ao contrário, isso me deprime. É bom para amadores que estão em busca de reconhecimento; sou bastante maduro e tenho me divertido muito. Amo tudo o que tenho feito; isso é a minha recompensa. E não quero nenhum outro prêmio, pois nada pode ser melhor que isso que tenho recebido." Ele estava certo. Mas, no mundo, as pessoas certas são muito poucas, e o mundo está cheio de pessoas equivocadas vivendo presas em armadilhas.

Por que você deveria preocupar-se com reconhecimento? Preocupar-se com reconhecimento tem sentido somente se você não gosta do seu trabalho; nesse caso, ele tem sentido, pois parece compensar algo. Você detesta seu trabalho, não gosta mesmo dele, mas você o está fazendo porque haverá reconhecimento, você será admirado, aceito. Em vez de pensar em reconhecimento, reconsidere o tipo de trabalho que você faz. Você gosta dele? Então, esse é o objetivo. Se você não gosta dele, troque-o por outro!

Os pais, os professores estão sempre enfatizando que você precisa obter reconhecimento, aceitação. Isso é uma estratégia muito astuciosa para manter as pessoas sob controle.

Aprenda uma coisa fundamental: faça aquilo que você gosta de fazer, adora fazer. E nunca busque reconhecimento; isso é mendigar. Por que a pessoa deveria buscar reconhecimento? Por que alguém deveria

> Preocupar-se com reconhecimento tem sentido somente se você não gosta do seu trabalho; nesse caso, ele tem sentido, pois parece compensar algo. Você detesta o seu trabalho, não gosta mesmo dele, mas você o está fazendo porque haverá reconhecimento, você será admirado, aceito.

desejar ser aceita? Olhe bem para dentro de si mesmo. Talvez você não goste do que faz; talvez esteja receoso de estar no caminho errado. Talvez, por isso, procurar obter aceitação o ajude a sentir que está certo. É possível que você ache que o reconhecimento o fará sentir que está buscando o objetivo correto.

O problema é com seus próprios sentimentos íntimos; ele não tem nada a ver com o mundo exterior. E por que depender dos outros? Todas aquelas coisas dependem dos outros – e você mesmo está tornando-se dependente. Não aceitarei nenhum Prêmio Nobel. Toda crítica que tenho recebido de todas as nações do mundo, de todas as religiões é mais valiosa para mim! Aceitar o Prêmio Nobel significa que estou tornando-me dependente – não terei orgulho de mim mesmo, mas do Prêmio Nobel. Contudo, neste exato momento só posso sentir orgulho de mim mesmo; não há nada de que eu possa orgulhar-me.

Neste último caso, sim, você se torna uma pessoa. E ser uma pessoa que vive em total liberdade, que caminha com os próprios pés, que bebe das próprias fontes, é o que a torna realmente firme, segura. Isso é o começo de seu florescimento máximo como criador.

> Qualquer pessoa que tenha a mínima consciência da sua individualidade vive movida pelo seu próprio amor, seu próprio trabalho, sem se importar infimamente com o que os outros pensam dele.

Aqueles a que se têm como figuras reconhecidas, renomadas, são pessoas atulhadas de lixo e nada mais. Mas o lixo que as enche é aquele com o qual a sociedade quer que elas fiquem cheias – e a sociedade as recompensa dando-lhes prêmios.

Qualquer pessoa que tenha a mínima consciência da sua individualidade vive movida pelo seu próprio amor, seu próprio trabalho, sem se importar infimamente com o que os outros pensam dele. Quanto mais valioso o seu trabalho é, menor a chance de você obter respeito por ele. E quando seu trabalho é o de um gênio, você não obtém nenhum respeito durante a vida. Você é condenado enquanto ela dura... depois, passados dois ou três séculos, fazem estátuas de sua pessoa, seus livros são respeitados – pois são necessários dois ou três séculos para que a humanidade entenda a grandiosidade do gênio. É grande o abismo entre ele e a capacidade de entendimento dela.

Para ser respeitado pelos idiotas, você tem que se comportar à maneira deles, de acordo com as expectativas deles. Para ser respeitado por esta humanidade doentia, você tem que ser mais doentio do que ela. Assim, ela o respeitará. Mas o que você ganhará com isso? Você perderá sua alma e não ganhará nada.

QUATRO CHAVES

Toda vez que cria, você sente o gosto da vida – e isso depende de sua intensidade, de sua totalidade. A vida não é um problema filosófico; é um mistério religioso. Durante o ato de criar, tudo pode tornar-se a porta – até mesmo um trabalho de limpeza. Quando faz algo criativamente, amorosamente, dedicadamente, você sente o gosto da vida.

1. VOLTE A SER CRIANÇA

Volte a ser criança e você será criativo. Toda criança é criativa. A criatividade precisa de libertação – libertação do grillhões da mente, do conhecimento, dos preconceitos. A pessoa criativa é aquela que consegue experimentar o novo. A pessoa criativa não é um robô. Os robôs jamais são criativos; eles são repetitivos.

Portanto, volte a ser criança – e ficará surpreso ao ver que toda criança é criativa. Toda criança nasce criativa – mas não aprovamos sua criatividade. Sufocamos e matamos sua criatividade, saltamos sobre ela; começamos a ensiná-las a maneira "correta" de fazer as coisas.

Guarde isto: a pessoa criativa nunca deixa de tentar fazer as coisas da maneira "incorreta". Se você sempre procurar fazer as coisas da maneira "correta", jamais será criativo, pois a "maneira correta" de fazer algo significa a maneira estabelecida pelos outros. Logicamente, com "fazer algo da maneira correta", quero dizer que você será capaz de fazê-lo; você será um produtor, um manufator, um técnico, mas jamais um criador.

Qual a diferença entre produtor e criador? O produtor conhece a forma correta de fazer as coisas, o meio mais econômico de fazer algo; com o mínimo de esforço, ele consegue produzir mais resultados. Ele é produtor. O criador se perde no que procura fazer. Ele ignora a forma correta de fazer as coisas. Assim, ele continua a procurar e a buscar sem parar, em várias direções. Muitas são as vezes em que ele segue o caminho errado – mas toda vez que ele se mobiliza, ele aprende; ele vai se tornando cada vez mais rico de experiências. Ele faz algo que ninguém antes havia feito. Se ele tivesse seguido a forma correta de fazer as coisas, ele não teria sido capaz de fazê-lo.

Prestem atenção nesta pequena história:

> Guarde isto: a pessoa criativa nunca deixa de tentar fazer as coisas da maneira "incorreta". Se você sempre procurar fazer as coisas da maneira "correta", jamais será criativo, pois a "maneira correta" de fazer algo significa a maneira estabelecida pelos outros.

Uma professora de catecismo pediu aos alunos que fizessem um desenho da Sagrada Família. Quando os desenhos lhe foram entregues, ela viu que alguns dos jovens tinham feito representações tradicionais – a Sagrada Família junto à manjedoura, a Sagrada Família viajando transportada por mulas e assim por diante.

Mas houve um menino ao qual ela mandou chamar para explicar o desenho que ele tinha feito, o qual exibia um avião com quatro cabeças mostrando-se para fora das janelas.

Ela disse a ele: — Entendo por que você desenhou três cabeças, para representar José, Maria e Jesus. Mas e a quarta cabeça?

— Ah, esse é o Pôncio "Piloto" — respondeu o jovem.

Isso é maravilhoso! Criatividade é isso; ele descobriu algo. Mas somente as crianças conseguem fazer isso. Você tem medo de fazer as coisas, medo de parecer idiota.

O criador tem que ser capaz de parecer idiota. O criador tem que pôr em risco o que se chama de respeitabilidade. É por isso que sempre vemos que poetas, pintores, dançarinos, músicos não são consideradas pessoas muito respeitáveis. E, quando eles se tornam respeitáveis, quando ganham um Prêmio Nobel, deixam de ser criativos. A partir de então, sua criatividade desaparece.

Que acontece? Você já viu um ganhador de um Prêmio Nobel escrever outro livro que tenha algum valor? Você já viu alguma pessoa respeitável fazer algo criativo? Ela é medrosa. Se ela fizer algo errado, ou se algo der errado, que acontecerá com seu prestígio? Ela não consegue suportar a possibilidade de isso acontecer.

> O criador tem que ser capaz de parecer idiota. O criador tem que pôr em risco o que se chama de respeitabilidade. É por isso que sempre vemos que poetas, pintores, dançarinos, músicos não são consideradas pessoas muito respeitáveis.

Portanto, quando um artista se torna respeitável, ele morre para a arte de criar.

Somente os que se mostram sempre dispostos a pôr seu prestígio, seu amor-próprio, sua respeitabilidade em jogo, e que são capazes de se arriscar em algo que todos desprezam... Criadores são sempre tidos como pessoas loucas. O mundo reconhece seu valor, mas muito tardiamente. O mundo demora-se longamente em achar que há algo errado em suas obras. Para ele, o criador é uma pessoa excêntrica.

E guarde isto também: todas as crianças nascem com toda a potencialidade para serem criadoras. Sem exceção, todas tentam ser criativas, mas não permitimos que elas sejam. Prontamente, começamos a ensiná-las a maneira correta de fazer as coisas – e, assim que aprendem a maneira correta de fazê-las, elas se tornam robôs. Portanto, elas passam a fazer as coisas sempre da maneira correta, e, quanto mais assim o fazem, mais eficiente se tornam. E, quanto mais eficiente se tornam, mais respeitadas elas são.

Mais ou menos entre os 7 e 14 anos de idade, a criança passa por uma grande transformação. Os psicólogos têm estudado o fenômeno... por que ele ocorre e o que ocorre?

Você tem duas mentes, dois hemisférios no cérebro. O hemisfério esquerdo não é criativo – é tecnicamente muito capaz, mas, no que diz respeito à criatividade, ele é absolutamente impotente. Ele consegue levá-lo a fazer algo somente quando o assimila – e então você consegue fazê-lo muito eficientemente, perfeitamente; ele é mecânico. Ele é o hemisfério da razão, da lógica, da matemática. É o hemisfério do cálculo, da inteligência, da disciplina, da ordem.

O hemisfério direito é justamente o oposto dele. É o hemisfério do caos, não da ordem; é o hemisfério da poesia, não da prosa; é o hemisfério do amor, não da lógica. Ele é poderoso canal de percepção da beleza, meio de profundo discernimento da originalidade – mas não é instrumento de eficiência. O criador não consegue ser eficiente; ele precisa estar sempre experimentando.

O criador não consegue deter-se em nada. O criador é como um nômade, e carrega sua barraca nas costas. Sim, ele fica por uma noite, mas, pela manhã, ele torna a partir – é por isso que o chamo de nômade. Ele jamais se torna um chefe de família. Ele não consegue estabelecer-se em lugar nenhum; para ele, isso significa morrer. Ele está sempre disposto a arriscar-se. Correr os riscos são para ele um caso de amor.

Mas isso diz respeito ao hemisfério direito do cérebro. Quando a criança nasce, a função predominante é a do hemisfério direito; o hemisfério esquerdo se apresenta inativo. Então, começamos a ensinar à criança – sem conhecimento de causa, anticientificamente. Através das eras, aprendemos o truque de como transferir a energia do hemisfério direito para o esquerdo. Como desativar o hemisfério direito do cérebro e ativar o esquerdo – é isso o que nos ensinam as escolas. Do jardim-de-infância à universidade, é essa a nossa instrução e o que se chama de educação – um esforço para destruir o hemisfério direito do cérebro e estimular o esquerdo. Entre 7 e 14 anos de idade, acabamos conseguindo, e morre a criança que há em nós; ela é destruída.

Então, a criança já não é um selvagem – ela se tornou um cidadão. Então, ela aprende os padrões da disciplina, da linguagem, da lógica, da prosa. Ela começa a competir na escola, torna-se egoísta, começa a aprender todas as coisas neuróticas que prevalecem na sociedade. Ela adquire interesse pelo poder, pelo dinheiro, e começa a pensar em como se tornar mais educada de modo que possa ser mais poderosa. Em como ter mais dinheiro, em como ter uma casa grande e todas as coisas desse tipo...ela se transforma. O hemisfério direito do cérebro começa a funcionar cada vez menos – ou funciona apenas quando você está sonhando, em sono profundo. Ou ainda, às vezes, quando você usa drogas....

No Ocidente, o grande interesse pelas drogas ocorre apenas porque os ocidentais conseguiram destruir o hemisfério direito do cérebro completamente por causa da educação compulsória. O Ocidente tornou-se educado demais – isso significa que ele se deslocou para o extremo, para uma das pontas de uma linha. Agora, parece impossível... Se vocês não conseguirem estabelecer algum meio de ajudar a reativação do hemisfério direito do cérebro nas universidades, nos colégios e nas escolas, as drogas não o farão. Não há como proibir o uso de drogas apenas por meio da lei. Não há como fazer com que se acate essa proibição se o equilíbrio interior do homem não for restabelecido.

O interesse pelas drogas está no fato de que ela gera uma mudança imediata – sua energia se desloca do hemisfério esquerdo para o direito. Isso é tudo o que as drogas conseguem fazer. O álcool tem feito isso há séculos, mas, agora, existem drogas muito mais poderosas – LSD, maconha, psilocibina, e outras ainda mais terríveis, que existirão no futuro.

E o criminoso não é o consumidor de drogas; o criminoso é o político e o educador. Eles é que são culpados. Eles forçaram a mente humana a seguir para um ponto extremo – de tal modo que, agora, há uma necessidade de revolta. E essa necessidade é imensa! A poesia desapareceu completamente de nossas vidas, e o amor, e a beleza também – dinheiro, poder, influência, eles se tornaram os únicos deuses dos homens.

Por quanto tempo mais a humanidade poderá continuar a viver sem amor, sem poesia, sem alegria e sem a celebração da vida? Não muito. E a nova geração da Terra inteira está prestando aos homens um grande serviço, demonstrando a estupidez daquilo que chamamos de educação. Não há coincidência no fato de os usuários de drogas quase sempre abandonarem os estudos. Eles desaparecem das universidades, dos colégios. Isso não é coincidência; isso é parte daquela mesma revolta.

E, quando o homem descobre a alegria das drogas, torna-se muito difícil para ele abandoná-las. As drogas só podem ser abandonadas se os homens descobrirem melhores meios de liberação da poesia que existe neles. A meditação é um desses meios superiores — menos destrutivo, menos prejudicial que qualquer espécie de substância química. Na verdade, ela não é nem um pouco prejudicial; ela é benéfica. A meditação faz a mesma coisa que a droga; ela desloca a predominância da função cerebral, faz a do hemisfério direito prevalecer sobre a do esquerdo. Ela libera sua capacidade íntima de criatividade.

Uma grande calamidade que sobrevirá ao mundo por causa das drogas só pode ser evitada por meio de uma coisa — a meditação. Não há outro caminho. Se a meditação tornar-se mais e mais predominante e entrar na vida das pessoas cada vez mais, as drogas desaparecerão.

E a educação precisa começar a deixar de ser tão absolutamente contra o hemisfério direito e seu funcionamento. E se ensinarem às crianças que a mente tem dois hemisférios, e também como usar ambos e quando usar um e outro... há situações em que o hemisfério esquerdo é necessário, nas em que você precisa fazer cálculos — no mercado, na rotina da vida comercial — e há as em que você precisa do hemisfério direito.

E lembre-se sempre de que o hemisfério direito é o fim, e o hemisfério esquerdo é o meio. O hemisfério esquerdo tem que servir ao hemisfério direito. O hemisfério direito é o seu senhor — pois você ganha dinheiro apenas porque quer gozar a vida e celebrá-la. Sua preocupação de ter saldo no banco ocorre apenas porque você quer amar. Você trabalha apenas porque quer divertir-se — divertir-se torna-se o fim. Você trabalha apenas para poder relaxar. Relaxar continua a ser o fim; o trabalho não é o fim.

O sistema de ética do trabalho é herança do passado; ele tem que ser abandonado. E o universo educacional tem que passar por uma verdadeira revolução. As pessoas não deveriam ser forçadas a nada; as crianças não deveriam ser forçadas a adotar padrões repetitivos. O que é a sua educação? Você já a examinou bem? Já refletiu a respeito dela? Ela não passa de treinamento da memória. Você não se torna inteligente por meio dela; você se torna cada vez mais insensato. Você se torna estúpido! Toda criança chega à escola como um ser humano muito inteligente, mas são muito raros os homens que saem da universidade como pessoas ainda inteligentes – isso é muito raro. Na maioria das vezes, a universidade é bem-sucedida. Sim, você sai de lá com diplomas, mas você adquiriu esses diplomas a um custo enorme: você perdeu sua inteligência, você perdeu a alegria, você perdeu a vida – pois perdeu também a função do hemisfério direito do cérebro.

> O sistema de ética do trabalho é herança do passado; ele tem que ser abandonado. E o universo educacional tem que passar por uma verdadeira revolução. As pessoas não deveriam ser forçadas a nada; as crianças não deveriam ser forçadas a adotar padrões repetitivos.

E o que você conseguiu lá? Informação. Sua mente está cheia de memorização; agora, você pode repetir, pode reproduzir. É para isso que seus exames servem – considera-se inteligente a pessoa que consegue vomitar tudo que lhe enfiaram garganta abaixo. Primeiro, ela tem que ser forçada a engolir, a continuar tentando engolir; depois, por meio das provas, a vomitar. Se você consegue vomitar eficientemente, você é inteligente. Se você é capaz de vomitar exatamente aquilo que lhe foi empurrado pela garganta, você é inteligente.

Agora, entenda bem isto: você só consegue vomitar a mesma coisa se não a tiver digerido. Lembre-se disso. Quando a digere, você não consegue vomitar a mesma coisa. Nesse caso, sai outra coisa de você, talvez sangue, mas não o mesmo pedaço de pão duro que você comeu – você não vomitará isso; ele terá desaparecido em suas entranhas. Portanto, você precisa apenas mantê-lo no estômago, sem digeri-lo – assim, você é considerado muito, muito inteligente. O mais estúpido é tido como o mais inteligente. É um estado de coisas muito deplorável.

É possível que a pessoa verdadeiramente inteligente seja um desajustado. Você sabia que Albert Einstein não conseguiu passar em seu exame de admissão? Mesmo com um intelecto tão criativo – era difícil para ele comportar-se da mesma maneira estúpida de todos.

Todos os seus chamados medalhistas de ouro de escolas, colégios e universidades desapareçam. Eles jamais conseguem provar seu valor. A glória deles termina com suas medalhas de ouro. Então, não se encontram mais eles em lugar nenhum; a vida parece não dever nada a eles. Que acontece com essas pessoas? Vocês as destroem. Elas obtiveram seus certificados e diplomas e perderam todos. Depois, ficam andando para lá e para cá com os seus certificados e diplomas.

> Quando uma pessoa reage de maneira insólita, ela deveria ser valorizada. Não deveria haver respostas certas – elas não existem; existem apenas respostas estúpidas e respostas inteligentes. A própria classificação das coisas em certo e errado é um equívoco.

Esse tipo de educação tem que ser totalmente transformado. É preciso levar mais alegria à sala de aula; a universidade precisa de mais caos – mais dança, mais música, mais poesia, mais criatividade, mais inteligência. Essa dependência da memória tem que ser abandonada.

As pessoas deveriam ser observadas; deveríamos ajudar as pessoas a serem mais inteligentes. Quando uma pessoa reage de maneira insólita, ela deveria ser valorizada. Não deveria haver respostas certas – elas não existem; existem apenas respostas estúpidas e respostas inteligentes. A própria classificação das coisas em certo e errado é um equívoco; não há resposta certa e resposta errada. Ou a resposta é estúpida, repetitiva, ou a resposta é criativa, sensível, inteligente. Mesmo quando a mesma resposta parece ser correta, ela não deveria ser valorizada demais, pois é apenas repetição. E, mesmo que a resposta inteligente talvez não pareça perfeitamente correta, que não se coaduna com velhas idéias, ela é digna de elogio, pois é nova. Denota inteligência.

> Se quer ser criativo, o que você deveria fazer? Desfazer tudo o que a sociedade fez de você. Desfaça tudo o que seus pais e seus professores fizeram de você. Desfaça tudo o que o policial, o que o político, o que o padre fizeram de você – e você voltará a ser criativo.

Se quer ser criativo, o que você deveria fazer? Desfazer tudo o que a sociedade fez de você. Desfaça tudo o que seus pais e seus professores fizeram de você. Desfaça tudo o que o policial, o que o político, o que o padre fizeram de você – e você voltará a ser criativo, você voltará a sentir aquela emoção que sentiu quando tudo começou. Ela ainda o aguarda aí dentro, recalcada. Mas ela pode liberar-se do que a reprime. E, quando essa energia criativa se lhe irrompe do íntimo, você se revela religioso. Para mim, religiosa é a pessoa criativa. Todos nascem como pessoas criativas, mas muito poucas continuam a ser criativas.

Cabe a você livrar-se da armadilha que o prende. Você pode fazer isso. Obviamente, você precisará de muita coragem, pois, quando começar a desfazer o que a sociedade fez de você, você perderá o respeito dela. Você deixará de ser considerado alguém respeitável, você parecerá estranho às pessoas. Você parecerá excêntrico. As pessoas pensarão: "Houve alguma coisa de errado com esse infeliz." Isso é coragem no mais alto grau – adotar um tipo de vida em razão do qual as pessoas começam a achá-lo excêntrico.

Naturalmente, você precisa se arriscar. Se quiser ser criativo, terá que arriscar tudo. Mas vale a pena. Um pouco de criatividade vale mais do que todo este mundo e seu reino.

2. MANTENHA-SE DISPOSTO A APRENDER

Disciplina é uma bela palavra, mas, assim como, no passado, o foram todas as belas palavras, ela tem sido mal empregada. A palavra *disciplina* tem a mesma raiz da palavra *discípulo* – o significado da raiz é "processo de aprendizagem". Aquele que se mostra disposto a aprender é um discípulo, e a atitude de estar disposto a aprender é disciplina.

A pessoa douta nunca está disposta a aprender, pois acha que já sabe muito; ela se mantém muito centrada no que chama de conhecimento. Seu conhecimento não é nada senão alimento para o ego. Ela não é capaz de ser um discípulo, de se manter sob verdadeira disciplina.

Sócrates disse: "Só sei que nada sei" – esse é o princípio da disciplina. Quando você não sabe nada, claro, claro que lhe sobrevém o desejo intenso de inquirir, explorar, investigar. E, assim que começa a aprender, surge inevitavelmente outro fator: qualquer coisa que você tenha aprendido tem que ser abandonada sempre; em caso contrário, ela se tornará conhecimento, e conhecimento impede a aprendizagem de outras coisas.

O homem realmente disciplinado jamais se prende a nada; a cada momento, ele morre para qualquer coisa que tenha vindo a saber e volta a ser ignorante. Essa ignorância é verdadeiramente luminosa.

Concordo com Dionísio quando ele afirma que a ignorância é luminosa. Uma das experiências mais belas da existência é estar num estado de luminosa ignorância. Quando está nesse estado de luminosa ignorância, você está aberto, não há barreira em seu ser, você está disposto a investigar.

A disciplina tem sido mal-interpretada. As pessoas têm dito às outras que disciplinem sua vida, que façam isso, que não façam aquilo. Têm sido imposto ao homem milhares de deves e não-deves. E, quando o homem vive com inúmeros deves e não-deves, ele não consegue ser criativo. Ele se torna prisioneiro; em toda parte, ele deparará uma barreira.

A pessoa criativa tem que eliminar todos os deves e não-deves. Ela precisa de liberdade e de espaço, muito espaço; ela precisa do céu inteiro e de todas as estrelas que existem nele. Só assim sua espontaneidade pode começar a florescer.

Portanto, lembre-se: minha idéia de disciplina não envolve nenhum dos dez mandamentos; não estou impondo-lhes nenhum tipo de disciplina; estou simplesmente tentando fazê-lo discernir a idéia de como continuar a aprender e jamais arvorar-se em douto. Sua disciplina tem que vir de seu próprio coração; ela tem que ser inteiramente sua – e há uma grande diferença nisso. Quando alguém lhe impõe algum tipo de disciplina, talvez ela jamais lhe sirva; será como vestir as roupas de outrem. Ou elas ficarão grandes demais ou muito apertadas, e você sempre se sentirá um tanto idiota nelas.

> O homem realmente disciplinado jamais se prende a nada; a cada momento, ele morre para qualquer coisa que tenha vindo a saber e volta a ser ignorante. Essa ignorância é verdadeiramente luminosa.

Maomé legou um corpo de disciplina aos muçulmanos; talvez isso tenha sido bom para ele, mas não pode ser bom para todos. Buda legou um corpo de disciplina a milhões de budistas; talvez isso tenha sido bom para ele, mas não pode ser bom para todos. A disciplina é um fenômeno que se dá no âmbito da individualidade; toda vez que a adota de outrem, você começa a viver de acordo com princípios pré-estabelecidos, preceitos mortos. E a vida jamais é morte; a vida é transformação incessante. A vida é movimento.

Heráclito está certo: você não pode entrar no mesmo rio duas vezes. Aliás, gostaria de dizer-lhe que você não pode entrar no mesmo rio uma única vez sequer, pois ele se move muito rapidamente! A pessoa tem que estar atenta a cada situação e suas nuanças, observando-a, e é necessário que a pessoa reaja à situação de acordo com o momento, e não conforme a algum tipo de respostas prontas, fornecidas por outrem.

Você percebe a estupidez da humanidade? Há cinco mil anos, Manu transmitiu um corpo de disciplina aos hindus, e, até hoje, eles o seguem. Três mil anos atrás, Moisés deixou um corpo de disciplina aos judeus, e ainda hoje eles o seguem. Há cinco mil anos, Rsabhanatha transmitiu seu corpo de disciplina aos jainistas, e eles ainda o seguem. O mundo está sendo levado à loucura com essas doutrinas! Elas são ultrapassadas; elas deveriam ter sido enterradas há muito, muito tempo. Vocês estão carregando defuntos nas costas, e esses defuntos fedem. E, quando você vive cercado por defuntos, que tipo de vida você pode levar?

A pessoa criativa tem que eliminar todos os deves e não-deves. Ela precisa de liberdade e de espaço, muito espaço; ela precisa do céu inteiro e de todas as estrelas que existem nele. Só assim sua espontaneidade pode começar a florescer.

Eu lhes ensino o momento, e a liberdade do momento, e a responsabilidade do momento. Algo pode ser correto neste momento e pode tornar-se errado no momento seguinte. Não tente ser imutável, pois, nesse caso, você estará morto. Só os mortos são imutáveis. Procure estar vivo, com todas as suas inconstâncias, e viva cada momento sem nenhuma ligação com o passado nem com o futuro. Viva o momento, e suas reações serão plenas. Essa plenitude é sublime, essa plenitude é criatividade. Com isso, tudo que você fizer terá beleza própria.

3. PROCURE A FELICIDADE NAS COISAS SIMPLES

Você já ouviu falar de algum jardineiro, que multiplica a vida, que embeleza a vida, que tenha ganhado um Prêmio Nobel? Algum fazendeiro, que ara o campo e leva alimento a todos – já foi premiado por alguém? Não, ele vive e morre como se jamais houvesse estado aqui.

Essa discriminação é horrível. Toda alma criadora – não importa o que ela crie – deveria ser respeitada e honrada, para que a criatividade também fosse honrada. Mas até mesmo os políticos ganham o Prêmio Nobel – homens que não são nada, senão criminosos astutos. Todo derramamento de sangue que tem havido no mundo aconteceu por causa desses políticos, e eles estão produzindo mais e mais armas nucleares para cometer um assassinato global.

Numa sociedade verdadeiramente honesta e humanitária, a criatividade é honrada, respeitada, pois a alma criadora participa da obra de Deus.

Nosso senso de estética é pobre.

Lembro-me de Abraham Lincoln. Ele era filho de sapateiro e tornou-se presidente dos Estados Unidos. Naturalmente, todos os aristocratas ficaram muito perturbados, contrariados, irritados com isso. E não foi coincidência o fato de, em pouco tempo, Abraham Lincoln ter sido assassinado. Eles não conseguiram suportar a idéia de que o país tivesse o filho de um sapateiro como presidente.

No seu primeiro dia como presidente, no qual faria seu discurso de posse ao Senado, assim que fez menção de levantar-se, um aristocrata repugnante levantou-se primeiro e disse: – Sr. Lincoln, embora por algum tipo de acaso o senhor se tenha tornado presidente deste país, não se esqueça de que costumava ir com seu pai à minha casa para fazer sapatos para a minha família. E temos muitos senadores que usam os sapatos feitos por seu pai. Portanto, jamais se esqueça de suas origens.

Ele achou que humilharia o presidente. Mas não se pode humilhar um homem como Abraham Lincoln. Somente as pessoas mesquinhas, que sofrem de complexo de inferioridade, podem ser humilhadas; os grandes seres humanos estão acima de humilhações.

Abraham Lincoln disse algo que deveria ser lembrado por todos. Ele disse: – Sinto-me muito grato ao senhor por lembrar-me de meu pai pouco antes de eu fazer meu primeiro discurso perante o senado. Meu pai foi uma pessoa sublime, e um artista criativo – não havia homem que conseguia fazer sapatos tão belos como os dele. Sei perfeitamente que tudo que eu fizer jamais me tornará um presidente tão grandioso quanto a grandeza da alma criadora dele. Não posso superá-lo.

Toda alma criadora – não importa o que ela crie – deveria ser respeitada e honrada, para que a criatividade também fosse honrada. Mas até mesmo os políticos ganham o Prêmio Nobel – homens que não são nada, senão criminosos astutos.

"Aliás, gostaria de lembrar a todos os senhores aristocratas que, se os sapatos feitos por meu pai os estiverem incomodando, eu também aprendi a arte com ele. Não sou um grande sapateiro, mas, pelo menos, posso consertar seus sapatos. Apenas informem-me a respeito, que irei às suas casas."

Houve um profundo silêncio no Senado, e os senadores compreenderam que era impossível humilhar esse homem. Mas ele mesmo tinha demonstrado grande respeito pela criatividade.

Não importa se você pinta, esculpe ou fabrica sapatos; se você é jardineiro, fazendeiro, pescador, carpinteiro – isso não importa. O que importa é: você está pondo toda a sua alma naquilo que está criando? Em caso afirmativo, o produto de sua criatividade tem algo dos atributos de Deus.

LEMBRE-SE: CRIATIVIDADE NÃO TEM NADA A VER COM NENHUM TIPO DE TRABALHO. Criatividade tem algo a ver com a qualidade de sua consciência. Tudo que você fizer pode ser criativo. Tudo que você fizer pode ser criativo se você souber o que significa criatividade.

Criatividade é gostar de qualquer tipo de trabalho como se ele fosse meditação, realizar qualquer tipo de trabalho com profundo amor. Se você tem amor, e limpa esse auditório, isso é criativo. Se você não tem amor, então, logicamente, isso lhe é maçante, é um dever que precisa ser feito de um jeito ou de outro, é um fardo. Em situações como essa, você sente vontade de ter outro tipo de oportunidade para

> Não importa se você pinta, esculpe ou fabrica sapatos; se você é jardineiro, fazendeiro, pescador, carpinteiro – isso não importa. O que importa é: você está pondo toda a sua alma naquilo que está criando? Em caso afirmativo, o produto de sua criatividade tem algo dos atributos de Deus.

ser criativo. Mas que você fará com essa oportunidade? Você conseguiria achar outra coisa para fazer? Você está achando que, se pintar, se sentirá uma pessoa criativa?

Mas pintar é tão simples quanto limpar assoalhos. Na pintura, você joga tinta sobre a tela – aqui, você lava o assoalho, limpa o assoalho; qual a diferença? Quando conversa com alguém, um amigo, você acha que está desperdiçando tempo. Você gostaria mesmo é de escrever um grande livro, pois, assim, seria criativo. Mas um amigo veio visitá-lo! Um pouco de bate-papo é perfeitamente aceitável – seja criativo!

Todos os grandes escritos não são nada senão confabulações de pessoas criativas. Que estou fazendo aqui? Cavaqueando. Um dia, eles se tornam evangelhos, mas, originalmente, são meros bate-papos. Mas gosto de fazer isso, pois posso conversar e conversar sem parar – talvez vocês se cansem um dia, mas eu não me cansarei, pois, para mim, isso é pura diversão. É possível que, um dia, vocês se cansem tanto, que desapareçam e não haja mais ninguém – porém, continuarei a confabular. Se você ama realmente algo, isso é criativo.

Mas isso ocorre com todos. Muitas pessoas me procuram, e, quando vêm pela primeira vez, dizem: "Qualquer trabalho, Osho. Qualquer trabalho – até faxina!" É exatamente o que dizem: "Até faxina! – isso é trabalho, e ficaremos felizes." E, depois de alguns dias, elas voltam e dizem: "Faxina... Gostaríamos de um trabalho criativo."

Deixe-me contar-lhes uma anedota:

> Preocupada com a falta de graça na sua vida sexual, uma jovem esposa conseguiu persuadir o marido a submeter-se a tratamento hipnótico. Depois de algumas sessões, o apetite sexual dele reacendeu-se, mas, às vezes, durante o ato amoroso, ele saía às pressas do quarto, seguia para o banheiro e voltava.

Vencida pela curiosidade, a esposa o seguiu até o banheiro. Ao chegar, na ponta dos pés, à porta do banheiro, ela o viu de pé diante do espelho olhando fixamente para si mesmo e murmurando: "Ela não é a minha esposa....Ela não é a minha esposa."

Quando você se apaixona por uma mulher, ela ainda não é, logicamente, a sua esposa. Vocês fazem amor, divertem-se, mas, depois, as coisas esfriam; então, ela já se tornou a sua esposa. Aí, tudo se banaliza. Você já lhe conhece o rosto, as formas, e fica enfastiado com isso. O hipnotizador fez muito bem! Ele simplesmente sugeriu ao cliente: Quando estiver fazendo amor com a sua esposa, nunca deixe de pensar: "Ela não é a minha esposa. Ela não é a minha esposa."

Portanto, quando estiver fazendo limpeza, fique pensando que está pintando. "Isto não é faxina, isto é muita criatividade" – e assim será! É apenas sua mente brincando com você. Se entender isso, você imprimirá sua criatividade em cada ação que praticar.

A pessoa de entendimento é criativa sempre. Não que ela esteja tentando ser criativa – a maneira pela qual ela se senta é criativa. Observe-a sentar-se; você verá em seus movimentos um quê de dançari-

---

> O valor da vida está nas pequenas coisas. O problema é que o seu ego continua a achar que algumas coisas são pequenas, e você sente vontade de ter grandes coisas para fazer – poesia sublime, por exemplo. Você gostaria de tornar-se um Shakespeare, ou um Kalidasa, ou um Milton. É o seu ego que cria o problema. Abandone o ego, e tudo será criativo.

no, um ar de dignidade. Um dia desses, estávamos lendo a história do mestre budista que ficou em pé num buraco, numa cova, com grande dignidade – morto. Até mesmo a sua morte foi criativa. E ele o fez muito bem, não há como aprimorar o que ele fez – mesmo morto, seu corpo permaneceu de pé com grande dignidade, com graça.

Quando entender isso, tudo o que fizer – cozinhar, limpar... O valor da vida está nas pequenas coisas. O problema é que o seu ego continua a achar que algumas coisas são pequenas, e você sente vontade de ter grandes coisas para fazer – poesia sublime, por exemplo. Você gostaria de tornar-se um Shakespeare, ou um Kalidasa, ou um Milton. É o seu ego que cria o problema. Abandone o ego, e tudo será criativo.

Certa vez, contaram-me:

Uma dona-de-casa ficou tão satisfeita com a atenção demonstrada pelo jovem atendente da mercearia, que perguntou o nome dele. – Shakespeare – respondeu o jovem.

– Puxa, é um nome muito famoso.

– Não é p'ra menos. Há quase três anos que faço entregas na vizinhança.

Gosto disso! Por que se importar em ser Shakespeare? Três anos fazendo entregas na vizinhança – isso é tão belo quanto escrever um livro, um romance, uma peça teatral.

O valor da vida está nas pequenas coisas. Elas se tornam grandes se você tiver amor. Com isso, tudo se torna extremamente grandioso. Se você não tem amor, o ego não pára de lhe dizer: "Isso não está à sua altura. Faxina? Isso não está à altura de seu valor. Faça algo grandioso, torne-se uma Joana D'Arc." Tudo besteira. Todas as Joanas D'Arcs são asneiras.

Fazer faxina é algo grandioso! Não embarque na canoa do ego. Toda vez que o ego tentar persuadi-lo a fazer coisas grandes, procure tornar-se imediatamente consciente disso e abandone o ego. Então, aos poucos, você verá que a simplicidade é sagrada. Nada é profano; tudo é sagrado e tudo é santo.

E, a menos que tudo se torne sagrado para você, sua vida não pode ser religiosa. Um homem santo não é o que se chama de santo – o santo pode estar numa viagem do ego, mas ele lhe parece santo porque você acha que ele realizou grandes coisas. O homem santo é uma pessoa simples que gosta da vida simples. Cortar lenha, tirar água do poço, cozinhar – qualquer coisa que ele toca torna-se sagrada. Não que ele faça grandes coisas, mas tudo o que ele faz, ele o faz grandiosamente.

A grandeza da coisa não está na coisa mesma. A grandeza da coisa está na consciência que você traz em si mesmo quando faz algo. Experimente. Toque uma pedra com grande ternura; ela se torna um Kohinoor, um grande diamante. Sorria, e, de repente, você é um rei ou uma rainha. Ria, deleite-se...

> Um homem santo é uma pessoa simples que gosta da vida simples. Cortar lenha, tirar água do poço, cozinhar – qualquer coisa que ele toca torna-se sagrada. Não que ele faça grandes coisas, mas tudo o que ele faz, ele o faz grandiosamente.

Cada momento de sua vida precisa ser transformado por suas considerações amorosas.

Quando eu o exorto a ser criativo, não quero dizer com isso que todos têm que se tornar grandes pintores e grandes poetas. Apenas quero que você aprenda a deixar que a sua vida seja uma pintura, que ela seja um poema. Lembre-se sempre disso, pois, do contrário, o ego o meterá em apuros.

Converse com os criminosos e pergunte-lhes por que se tornaram delinqüentes – foi por que não conseguiram achar nada de grandioso para fazer. Eles

Quatro Chaves

não conseguiram tornar-se presidente de um país – logicamente, todas as pessoas juntas não podem tornar-se presidentes de um país. Assim, eles mataram um presidente; é mais fácil. E se tornaram tão famosos quanto um presidente; apareceram todos nos jornais com suas fotos na primeira página.

Alguns meses atrás, um homem matou sete pessoas, e lhe perguntaram por que fizera aquilo – já que as sete pessoas não tinham nada que ver com ele. Ele queria tornar-se famoso, disse ele, e nenhum jornal mostrou-se disposto a publicar seus poemas, seus artigos; eles foram recusados em toda parte. Ninguém se mostrou interessado em estampar suas fotos, e os anos corriam. Assim, ele matou sete pessoas. Ele não tinha nada contra elas, não estava com raiva delas; ele apenas queria tornar-se famoso.

Seus políticos e seus criminosos não diferem muito entre si. Todos os criminosos são políticos, e todos os políticos são criminosos, e não apenas Richard Nixon. O pobre Richard Nixon foi pego com a mão na massa, apenas isso. Os outros parecem ser mais espertos e mais astutos.

A sra. Moskowitz estava transbordante de orgulho. – Soube da última a respeito do meu filho Louie? – ela perguntou a uma vizinha.

– Não. Que houve com o seu filho Louie?

– Ele está indo ao psiquiatra. Duas vezes por semana, ele está indo ao consultório psiquiátrico.

– E isso é bom?

Quando eu o exorto a ser criativo, não quero dizer com isso que todos têm que se tornar grandes pintores e grandes poetas. Apenas quero que você aprenda a deixar que a sua vida seja uma pintura, que ela seja um poema.

– Claro que é. Ele paga 40 dólares a hora – 40 dólares! – e só fala sobre mim.

Jamais se deixem levar pela tendência de ser grande, famoso, alguém maior que a dimensão natural da vida. A dimensão natural da vida é algo perfeito. Ser exatamente do tamanho da própria vida, ser apenas simples, é perfeito, justamente como deve ser. Mas viva essa simplicidade de uma forma extraordinária. O paraíso consciencial é justamente isso.

Agora, permitam-me dizer uma última coisa. Se a felicidade se tornar o grande objetivo a ser alcançado em sua vida, então ela será para você um verdadeiro pesadelo. Nesse caso, a felicidade pode tornar-se seu último e mais terrível pesadelo. Mas quando, para você, a felicidade está nas pequenas coisas, na forma pela qual você as vive – a forma pela qual você transforma cada pequeno ato numa ação santificada, numa prece... sua casa se torna um templo, seu corpo se torna a morada de Deus, e, para onde quer que você olhe e qualquer coisa que você toque, se torna imensamente bela, sagrada – então, a felicidade é liberdade.

Felicidade é viver as coisas simples da vida tão alerta, tão cheio de consciência, tão pleno de luz, que tudo se torna luminoso. Isso é possível. Digo isso porque vivi assim, estou vivendo assim. Quando afirmo isso, eu o faço com autoridade. Quando digo isso, não estou citando Buda ou Jesus; quando digo isso, estou falando apenas de mim mesmo.

Isso se tornou possível para mim; pode tornar-se possível para você também. Apenas não se apegue ao ego. Simplesmente ame a vida, e a vida lhe dará tudo de que você precisa. A vida se tornará uma bênção para você.

4. SEJA UM SONHADOR

Friedrich Nietzsche, em um de seus escritos, afirma: "A maior das calamidades cairá sobre a humanidade no dia em que todos os sonhadores desaparecerem." Toda a evolução humana ocorreu porque o homem a idealizou. Aquilo que foi sonho ontem, hoje é realidade, e aquilo que é sonho hoje pode tornar-se realidade amanhã.

Todos os poetas são sonhadores, todos os músicos são sonhadores, todos os místicos são sonhadores. Aliás, a criatividade é um subproduto do ato de sonhar.

Mas esses sonhos não são os que Sigmund Freud analisou. Portanto, é necessário que se faça distinção entre o sonho de um poeta, de um escultor, de um arquiteto, de um místico, de um dançarino – e os sonhos de uma mente doentia.

É lamentável o fato de Sigmund Freud jamais ter-se importado com os grandes sonhadores que foram a base de toda a evolução humana. Ele deparou apenas com pessoas psicologicamente doentes, e porque toda a sua experiência de vida foi analisar os sonhos de psicopatas, a própria palavra sonhar tornou-se condenável. O louco sonha, mas seus sonhos são destrutivos para si próprio. O homem criativo também sonha, mas seus sonhos enriquecem o mundo.

Lembrei-me agora de Michelangelo. Ele passava pelo mercado, onde se expunha toda espécie de mármore, e avistou um belo bloco. Diante disso, ele indagou ao dono a respeito dele. O dono disse: – Se quiser, pode levar o bloco gratuitamente, pois ele só me tem servido para ocupar espaço. E, durante doze anos, ninguém chegou mesmo a mostrar-se interessado por ele. Eu também não vejo nenhum potencial nesse bloco.

Michelangelo levou o bloco, trabalhou nele durante quase o ano inteiro, e fez talvez a mais bela estátua de todos os tempos. Alguns anos atrás, um louco tentou destruí-la. Ela estava no Vaticano; era uma estátua representando Jesus Cristo depois de ele ter sido tirado da cruz e seu corpo morto no colo de Maria. Vi apenas as fotografias dela, mas ela parece tão viva que é como se Jesus fosse despertar a qualquer momento. E ele usou o mármore com tanta arte, que você percebe duas coisas – a força de Jesus e sua fragilidade. E vêem-se as lágrimas nos olhos da mãe de Jesus, Maria.

Um louco, há apenas alguns anos, golpeou com um martelo a estátua que Michalengelo fizera, e, quando lhe perguntaram por que ele tinha feito isso, ele disse: "Quero ser famoso também. Michelangelo teve que trabalhar durante um ano, e ficou famoso. Eu tive que trabalhar somente por cinco minutos e destruí a estátua inteira. E meu nome rodou o mundo pelas manchetes de todos os jornais."

Ambos trabalharam no mesmo bloco de mármore. Um era criador, o outro era um louco.

Um ano depois, quando Michelangelo terminou o trabalho, ele pediu que o comerciante fosse à sua casa, pois ele desejava mostrar-lhe algo. O comerciante quase não conseguiu acreditar no que viu. E disse:
– Onde você conseguiu este mármore maravilhoso?

E Michelangelo respondeu: – Você não o reconhece? É aquele bloco horrível abandonado na frente de sua loja durante doze anos. – Eu me lembro disso porque o comerciante perguntou: – Como você conseguiu imaginar que aquele bloco horrível podia ser transformado numa estátua tão bela?

Michelangelo respondeu: – Não pensei nisso. Tenho sonhado com a criação desta estátua, e, quando, de repente, eu passava em frente do bloco, vi Jesus me chamando: 'Estou preso nesta pedra. Liberte-me; ajude-me a sair desta pedra.' Vi exatamente essa mesma estátua naquele bloco. Desse modo, fiz apenas um pequeno trabalho: removi as partes desnecessárias do bloco, e Jesus e Maria estão livres do cativeiro.

Teria sido de grande contribuição para a humanidade se um homem do mesmo quilate de Sigmund Freud, em vez de analisar pessoas doentes e seus sonhos, tivesse trabalhado com os sonhos de pessoas psicologicamente saudáveis, e não apenas saudáveis, mas também criativas. A análise de seus sonhos mostrará que nem todos os sonhos são produto de recalques. A análise de seus sonhos evidenciará que há sonhos que resultam de uma consciência mais criativa que a das pessoas comuns. E que seus sonhos não são doentios, que seus sonhos são verdadeiramente saudáveis. Toda a evolução humana e da consciência do homem depende desses sonhadores.

Toda a existência é uma unidade orgânica. Vocês não se dão as mãos apenas uns aos outros; vocês se dão as mãos com as árvores. Não apenas vocês respiram juntos; todo o universo respira em conjunto.

O universo existe sob profunda harmonia. Somente o homem esqueceu-se da linguagem da harmonia, e meu trabalho aqui é o de lembrá-los disso. Não estamos criando a harmonia; a harmonia é a sua própria realidade. Dá-se apenas o fato de que vocês se esqueceram disso. Talvez isso seja tão óbvio, que a pessoa se esqueça disso. Talvez você já nasça imerso nela; como você pode esquecer-se dela?

Existe uma fábula antiga em que um peixe de pendores filosóficos perguntou a outro peixe: – Tenho ouvido falar tanto no oceano; onde ele fica? – E ele está no oceano! Mas ele nasceu no oceano, ele vive no oceano; nunca houve separação entre eles. Ele jamais viu o oceano como um ente separado dele. E um velho peixe dirigiu-se ao jovem filósofo e lhe disse: – Isto aqui é o oceano.

Mas o jovem filósofo disse: – Você deve estar brincando. Isto é água, e você a chama de oceano. Terei que perquirir mais, junto a pessoas mais sábias por aí.

O peixe só conhece o oceano quando um pescador o captura, o retira das águas e o atira na areia. Então, pela primeira vez, ele entende que sempre viveu no oceano, que o oceano é sua própria vida e que, sem o oceano, ele não pode sobreviver.

Mas, com o homem, há uma certa dificuldade. Ele não pode ser tirado da existência. A existência é infinita; não há praias em que se possa separar-se dela e vê-la. Onde quer que você esteja, você será parte da existência.

Todos nós respiramos em conjunto. Somos parte de uma orquestra. Entender isso é uma grande experiência – não chame isso de sonho, pois sonhar ganhou uma conotação muito equivocada por causa de Sigmund Freud. De outro modo, é uma das mais belas palavras, muito poética.

E basta manter-se em silêncio, apenas sentir-se feliz, apenas existir – nesse silêncio, você percebe que está ligado aos outros. Quando você está pensando, você fica separado dos outros, pois você está tendo pensamentos seus, e as pessoas estão tendo pensamentos diferentes dos seus. Mas, quando ambas as partes ficam em silêncio, então todas as barreiras entre elas desaparecem.

Dois estados de silêncio não podem continuar como dois. Eles se tornam um só.

Todos os grandes valores da vida – amor, silêncio, felicidade, alegria, piedade – o tornam consciente de uma imensa unicidade. Não há ninguém igual a você; todos nós somos diferentes expressões da mesma realidade, cânticos diversos do mesmo cantor, danças díspares do mesmo dançarino, pinturas inigualáveis – o pintor, porém, é o mesmo.

Mas não chame isso de sonho, pois, ao fazer isso, você demonstra que não compreende que isso é a realidade. E a realidade é muito mais bela que qualquer sonho. A realidade é mais vívida, mais colorida, mais alegre, mais harmoniosa do que se possa imaginar. No entanto, vivemos tão inconscientes disso....

Nossa inconsciência mais grave é o fato de que achamos que estamos separados dela. Mas assevero que nenhum homem é uma ilha; somos todos parte de um vasto continente. A diversidade existe, mas isso não nos torna separados uns dos outros. A diversidade torna a vida mais rica – parte de nós está no Himalaia; outra nas estrelas, e outra nas rosas. Uma parte de nós está no vôo dos pássaros, outra balouça no verdor das árvores. Sentir isso como realidade transformará toda a sua visão de vida, cada um de seus atos, todo o seu ser.

Você se tornará pleno de amor; você se enche de reverência pela vida. Você se tornará pela primeira vez, de acordo com o que proponho, uma pessoa verdadeiramente religiosa – e não cristão, hinduísta, muçulmano, mas verdadeiramente, puramente, religioso.

É bela a palavra *religião*. Origina-se de uma raiz que significa reunir aqueles que, por ignorancia, se separaram; sim, reuni-los, despertá-los para que possam ver que não estão separados. Nessa condição, não serão capazes de ferir nem mesmo uma árvore. Com isso, a compaixão e o amor serão simplesmente espontâneos – sem cultivo, algo que não faça parte de um corpo de preceitos ou de disciplina. Se você ama uma doutrina, ela é falsa. Se a mansidão é cultivada, ela é falsa. Se a compaixão é fomentada, ela é falsa. Mas se isso vem espontaneamente, sem nenhum esforço de sua parte, então sua realidade é tão profunda, tão sublime...

> Quando você está pensando, você fica separado dos outros, pois está tendo pensamentos seus, e as pessoas estão tendo pensamentos diferentes dos seus. Mas quando ambas as partes ficam em silêncio, então todas as barreiras entre elas desaparecem. Dois estados de silêncio não podem continuar como dois. Eles se tornam um só.

> É bela a palavra *religião*. Origina-se de uma raiz que significa reunir aqueles que, por ignorância, se separaram; sim, reuni-los, despertá-los para que possam ver que não estão separados.

Em nome da religião, muitos crimes foram cometidos no passado. Mais pessoas foram mortas por pessoas religiosas do que por quaisquer outras. Certamente, essas religiões eram falsas, espúrias.

A verdadeira religião está para nascer.

Certa vez, perguntaram a H. G. Wells, quando ele publicou *A Guerra dos Mundos* – obra magnífica: – O que você acha da civilização?

Ele respondeu: – É uma boa idéia, mas alguém deveria fazer algo para torná-la real.

Até hoje, não nos civilizamos, não nos educamos nem nos tornamos religiosos. Em nome da civilização, em nome da cultura, em nome da religião, temos praticado todo tipo de ato bárbaro – primitivo, subumano, animalesco.

O homem se afastou muito da realidade. Ele deve ser despertado para a realidade de que todos nós somos um todo único. E isso não é uma hipótese; é a própria experiência dos meditadores, sem exceção, através das eras, de que toda a existência é una, uma unidade orgânica.

Portanto, não confunda uma bela experiência com um sonho. Chamá-la de sonho anula sua realidade. Os sonhos têm de ser transformados em realidade, e não a realidade ser transformada em sonhos.

QUATRO QUESTÕES

☙

Você tem no coração um cântico para ser cantado, e há também em você uma dança para ser dançada, mas ela é invisível. Quanto à canção – nem mesmo você pode ouvi-la ainda. Ela jaz oculta nas profundezas mais recônditas de seu ser; mas ela deve ser trazida à tona, deve ser entoada. É isso o que quero dizer com "auto-realização".

1. MEMÓRIA E IMAGINAÇÃO

Você nos exorta constantemente a abandonar a memória, a viver o aqui e o agora. Mas, ao abandonar minha memória, tenho de abrir mão de minha imaginação criadora também, pois sou escritor, e tudo a respeito do qual escrevo tem origem naquilo de que me lembro.

Às vezes, pergunto-me – como seria o mundo sem a arte e a imaginação criadora que torna a arte possível? Um Tolstoi jamais poderia tornar-se um Buda; e, por outro lado, poderia o Buda escrever Guerra e Paz?

Você não me entendeu, mas isso é natural. É impossível entender-me, pois, para entender-me, você precisa abandonar a memória. A memória atrapalha. Basta que ouça minhas palavras, que você passa a interpretá-las de acordo com o que tem na memória, de acordo com o seu passado. Você não pode compreender-me se não estiver no aqui e agora. Só assim você estará comigo; de outro modo, você estará fisicamente presente aqui, mas psicologicamente ausente.

Não o tenho aconselhado a abondonar sua memória factual. Isso seria estupidez! Sua memória factual é indispensável. Você precisa saber seu nome, quem é seu pai, sua mãe, sua esposa, seu filho, e também onde você mora; você terá de voltar para o hotel, terá de achar seu quarto. A memória factual não é o caso – a memória psicológica, sim, é o caso. A memória factual não é problema, pois é mera recordação. Quando você se torna psicologicamente afetado por ela, os problemas aparecem. Tente entender a diferença.

Ontem, alguém o insultou; mas hoje ele volta a cruzar com você. A memória factual lhe dá conta de que "esse homem me insultou ontem". O problema da memória psicológica é que, ao ver esse homem outra vez, você se irrita; ao ver esse homem, você começa a ferver por dentro. E talvez o homem esteja vindo apenas para desculpar-se; o homem pode estar vindo para ser desculpado, perdoado. Talvez ele tenha reconhecido o erro que cometeu; talvez ele tenha tomado consciência de sua atitude inconsciente. Pode ser que ele tenha vindo para voltar a ser seu amigo, mas você perde o controle. Furioso, você começa a gritar. Não percebe o semblante dele no aqui e no agora; você continua a deixar-se levar pelo semblante que ele apresentara ontem; mas ontem foi ontem! Quanta água moveu o moinho? Esse não é o mesmo homem de ontem. Vinte e quatro horas causaram muitas mudanças – e você já não é o mesmo homem também.

A memória factual lhe diz: "Esse homem me insultou ontem", mas o "me" mudou. Aquele homem mudou. Portanto, é como se esse incidente tivesse acontecido entre duas pessoas com as quais você não tem nada mais a ver – assim, você fica psicologicamente livre. Você não diz mais: "Ainda me sinto magoado." O rancor já não existe. A memória está lá, mas não há nenhum prejuízo psicológico. Você encontra a pessoa conforme ela se apresenta agora, e ela o encontra conforme você é agora.

Certa vez, um homem veio até o Buda e lhe cuspiu no rosto. Ele estava com muita raiva. Ele era bramanista, e Buda estava dizendo coisas a respeito das quais os sacerdotes estavam muito contrariados. Buda limpou o rosto e perguntou ao homem: – Você tem algo mais a dizer?

Seu discípulo, Ananda, ficou muito enraivecido com isso. E foi tal a sua raiva, que ele perguntou ao Buda: – Dê-me permissão para dar uma lição a esse homem. Isso é demais! Não posso suportar isso.

O Buda respondeu: – Mas ele não cuspiu em seu rosto. O rosto é meu. Ademais, dê uma olhada no homem! Veja como ele está atormentado – olhe para ele! Tenha compaixão por ele. Ele quer dizer-me algo, mas suas palavras são impróprias. Esse é o meu problema também, o problema de toda a minha vida – e vejo esse homem na mesma situação! Tenho vontade de relatar a você as coisas que vim a conhecer, mas não consigo fazê-lo, pois não encontro palavras adequadas. Esse homem está na mesma situação: ele está com tanta raiva, que nenhuma palavra pode expressá-la – é o meu caso: estou tão cheio de amor, que nenhuma palavra, nenhum ato, pode expressá-lo. Percebo a dificuldade desse homem – perceba-a você também!

O Buda vê, e Ananda também vê; mas o Buda apenas traz à tona uma lembrança factual, enquanto Ananda cria uma lembrança psicológica.

O homem não conseguia acreditar no que ouvia, naquilo que o Buda estava dizendo. Ele ficou muito chocado. Ele não teria ficado chocado se o Buda lhe tivesse devolvido a agressão, ou se Ananda tivesse saltado sobre ele. Não teria havido nenhum tipo de choque; isso era de esperar; isso seria natural. É a reação comum dos seres humanos; mas o sentimento do Buda pelo homem, a compreensão de sua dificuldade... O homem se retirou. E não conseguiu dormir durante toda a noite, pois ficou ponderando sua atitude, refletindo a respeito dela. E começou a sentir grande remorso, começou a ressentir-se do que tinha feito. Abriu-se-lhe uma ferida no coração.

No dia seguinte, bem cedo, ele correu para os pés do Buda, caiu aos seus pés, beijou-lhe os pés. E o Buda disse a Ananda: — Veja. O mesmo problema outra vez! Agora, ele está tão emocionado comigo, que não consegue falar. Ele está acariciando meus pés. O homem é muito impotente. Qualquer coisa que seja demais para o homem, ele não consegue expressá-la, ele não consegue transmiti-la, não consegue comunicá-la. Ele precisa de um gesto para poder simbolizá-la. Veja!

E o homem começou a chorar e disse: — Desculpe-me, senhor. Estou profundamente arrependido. Foi estupidez absoluta de minha parte cuspir no senhor, num homem como o senhor.

— Esqueça isso! O homem em que você cuspiu não existe mais, e o homem que cuspiu também não existe mais. Você é um novo homem, eu sou um novo homem! Veja — o Sol que está nascendo é um novo astro. Tudo se renova. O ontem já não existe. Acabe com isso! E como posso perdoar? Pois você nunca cuspiu em mim. Você cuspiu em alguém que partiu.

A consciência é um rio perene.

Quando digo que abandone sua memória, refiro-me à memória psicológica, e não à memória física. Buda se lembra perfeitamente de que, no dia anterior, aquele homem lhe cuspira no rosto, mas se lembra também de que nem ele nem o homem são mais as mesmas pessoas. O capítulo está encerrado; não vale a pena estendê-lo por toda a vida, mas você o estende. Alguém lhe disse algo há dez anos e você ainda se preocupa com isso. Sua mãe se aborreceu quando você era criança e você ainda se preocupa com isso. Seu pai lhe deu um tapa quando você ainda era um menino e você continua a preocupar-se com isso. E talvez você tenha 70 anos de idade.

Essas lembranças psicológicas vão se acumulando como grande fardo sobre você. Elas acabam com sua liberdade, acabam com sua vivacidade. Elas o prendem numa gaiola. Com a memória factual, não há problema.

E entenda mais uma coisa: quando não há memória psicológica, a memória factual é extremamente precisa – pois a memória psicológica é um problema mental. Quando você está psicologicamente muito perturbado, como você consegue lembrar-se bem das coisas? É impossível! Você treme, fica como se estivesse enfrentando um terremoto – como conseguir lembrar-se precisamente das coisas? Você exagera a proporção das coisas; tira ou acrescenta algo aos fatos; você os transforma em fatos novos. As pessoas ficam sem poder confiar em você.

A pessoa que não tem memória psicológica é confiável. É por isso que os computadores são mais confiáveis do que o homem, pois não têm memória psicológica; mas somente de fatos – fatos nus e crus. Quando fala a respeito de algum fato, aí também o fato não é fato: muita fantasia lhe foi acrescentada. Você o molda, deturpa-o, pinta-o, você lhe dá um colorido todo seu, e ele deixa de ser fato! Só um buda, um *tathagata*, uma pessoa iluminada, sabe o que é e o que não é fato; você ja-

> Quando não há memória psicológica, a memória factual é extremamente precisa – pois a memória psicológica é um problema mental. Quando você está psicologicamente muito perturbado, como você consegue lembrar-se bem das coisas? É impossível.

mais se depara com um fato, pois você tem muita fantasia em sua mente. Quando depara um fato, imediatamente você lhe imprime suas fantasias. Você nunca vê as coisas como elas são; você está sempre distorcendo a realidade.

O Buda afirma que o *tathagata*, aquele que despertou, é sempre verdadeiro porque ele fala em conformidade com a realidade. O *tathagata* fala a verdade, jamais o oposto disso. *Tathagata é sinônimo de* essência. Aquilo que é, o *tathagata* simplesmente reflete; ele é um espelho. É por isso que digo: abandone as lembranças psicológicas e você se tornará um espelho.

Você disse: "Você nos exorta constantemente a abandonar a memória, a viver o aqui e agora..." Isso não significa que seu passado não pode ser lembrado. O passado é parte do presente; tudo o que você foi no passado, tudo o que você fez no passado, é parte do presente; está tudo *aqui*. A criança está em você, o jovem está em você... tudo o que você tem feito está em você. O alimento que você comeu – é passado, mas se transformou no sangue que lhe corre nas veias; ele está circulando no aqui e agora; transformou-se nos ossos que o sustentam, no tutano que os preenche. Talvez seja passado o amor que você teve, mas ele o transformou. Ele lhe deu uma nova visão de vida; abriu-lhe os olhos. Ontem, você estava comigo – isso é passado, mas é realmente passado absoluto? Como ele pode ser passado absoluto? Você foi transformado por ele; você recebeu uma nova centelha, uma nova chama interior – isso se tornou parte de você.

Seu presente encerra todo o seu passado. E, se você consegue entender-me, seu presente encerra também todo o seu futuro – pois o passado tem servido para transformá-lo, para prepará-lo. E o futuro que haverá de vir ocorrerá segundo a forma pela qual você vive no presente. A forma pela qual você vive o aqui e agora terá grande influência sobre seu futuro.

No presente, está todo o passado e todo o potencial do futuro – mas não é necessário preocupar-se psicologicamente com ele. Ele já está aí! Se entende o que quero dizer, saiba que ele já está contido no presente... a árvore não pensa na água que absorveu ontem, mas ela está lá! Pensar ou não pensar. E os raios de sol que caíram sobre ela ontem – ela não pensa neles. As árvores não são tão tolas, tão estúpidas quanto os homens.

Por que se importar com os raios de ontem? Eles foram absorvidos, assimilados; eles se tornaram parte do verde, do vermelho e do dourado. A árvore desfruta dos raios de sol da manhã *atual*, sem nenhuma lembrança psicológica de ontem. Embora o ontem esteja presente nas folhas, nas flores, nos galhos, nas raízes, na seiva. Ele está lá! mas o futuro também está vindo; novos brotos, que se rebentarão em flores amanhã, estão lá. E as pequenas e tenras folhas que se tornarão folhagem amanhã estão lá, a caminho.

O presente tudo encerra. O agora é a própria eternidade.

Portanto, não estou recomendando que se esqueça o passado factual; estou apenas recomendando que ninguém se perturbe mais por causa dele. Ele não deveria ser tido em conta de investimento psicológico. Ele é um fato físico – que seja. E não estou aconselhando-o a tornar-se incapaz de lembrar-se dele – ele pode ser necessário! Quando ele é necessário, a necessidade ocorre no presente, lembre-se disso, e você tem de atender a essa necessidade. Alguém lhe pede o número de seu telefone – a necessidade é atual, pois a pessoa lhe está pedindo agora, e você diz: "Como posso lhe dizer o número de meu telefone? Eu abandonei o passado." Nesse caso, você teria problemas desnecessários. Sua vida, em vez de tornar-se livre, em vez de se tornar fonte de grande alegria e celebração, será tolhida a cada passo; você deparará mil e um problemas, desnecessariamente criados por você. Não há necessidade disso.

Tente entender-me.

E você diz também: "Mas, ao abandonar a minha memória, tenho que abrir mão da minha imaginação criadora também..." O que a memória tem a ver com imaginação criadora? Aliás, quanto maior for a sua memória, menor será a sua criatividade – pois você sempre repetirá o conteúdo da sua memória, e criatividade significa deixar que o novo aconteça. Deixar que o novo aconteça significa pôr de lado a memória para que não haja influência do passado.

Deixe que o novo o penetre. Deixe que o novo venha e lhe comova o coração. O passado será necessário, mas não agora; o passado será necessário quando você começar a expressar essa experiência nova. Então, ele será necessário porque a linguagem também será necessária – a linguagem vem do passado. Não há como você inventar a linguagem no momento atual – ou, no caso de você conseguir inventá-la, ela será incompreensível; não terá significado. E isso não será comunicação; será conversa sem sentido, palavrório de criança. Quase nenhuma criatividade haverá nela. Você parecerá um tolo.

Para expressar-se significativamente, a linguagem é necessária; a linguagem vem do passado; mas ela deve ser usada somente quando a experiência ocorre! Então, use-a como um instrumento. Ela não lhe será obstáculo.

Quando vir uma rosa abrir-se ao sol da manhã, *observe*-a. Deixe-se impressionar por ela, permita que o fenômeno o penetre profundamente. Deixe que sua essência de rosa o envolva, o domine. Não diga nada, apenas espere. Seja paciente, abra-se. Assimile o fenômeno. Deixe que a rosa o alcance, e procure você também alcançá-la. Deixe que haja um encontro, uma comunhão entre dois seres – a rosa e você. Deixe que haja uma penetração, uma interpenetração.

E lembre-se: quanto mais profundamente a rosa penetrá-lo, mais profundamente você pode entrar na essência da rosa; a proporção é sempre equivalente. Chega o instante em que você já não sabe quem é a rosa e quem é o observador. Chega o momento em que você se torna a rosa, e a rosa se torna você; quando o observador é observado, quando toda dualidade desaparece. Nesse momento, você conhece a realidade, a essência da rosa. Então, faça uso de sua linguagem, faça uso de sua arte. Se for pintor, pegue os pincéis, as tintas e a tela e pinte-a. Se for poeta, recorra à sua memória factual para escolher as palavras adequadas, de modo que possa expressar essa experiência.

Mas, enquanto a experiência estiver acontecendo, não fique conversando intimamente. O colóquio íntimo seria uma interferência. Você jamais conheceria a rosa em sua intensidade e profundidade. Você lhe conheceria apenas o superficial. E, quando você conhece apenas o superficial, este é sua fonte de inspiração e o produto de sua expressão; nesse caso, sua arte não tem muito valor.

> Criativo é sinônimo de novo, insólito, original. Criativo é o mesmo que inigualável, desconhecido. Você tem de estar aberto a isso, desarmado.

Você diz: "Mas, ao abandonar a minha memória, também devo abrir mão da minha imaginação criadora..." Você não sabe o que significa a palavra criativo. Criativo é sinônimo de novo, insólito, original. Criativo é o mesmo que inigualável, desconhecido. Você tem de estar aberto a isso, desarmado.

Ponha a memória de lado. Ela lhe será útil depois. Agora, servirá apenas para atrapalhar você.

Neste exato momento, por exemplo, que você está escutando-me – ponha a memória de lado. Quando se põe a escutar-me, você fica revendo intimamente todos os conceitos matemáticos que conhece? Fica fazendo cálculos com o pensamento? Repassando as noções de geografia que aprendeu? Ou as de história? Você deve pôr tudo isso de lado. Faça isso com a linguagem também, como o faz com a história, a matemática, a geografia. Faça o mesmo com a linguagem – faça o mesmo com a memória: deixe-a de lado! Ela será necessária – mas, quando for, somente então, use-a. Deixe a mente de lado por completo!

Você não estará fazendo mal à mente; só estará dando a ela um descanso. Ela não é necessária agora; você pode dar-lhe umas férias. Pode dizer a ela: "Descanse por uma hora e deixe-me ouvir a palestra. E, depois que eu a tiver ouvido, depois que eu tiver assimilado as informações, depois que eu tiver comido e bebido, eu a invocarei, pois, então, sua ajuda será necessária. Então, pintarei um quadro, ou comporei um poema, ou escreverei um livro, mas, neste momento, você pode descansar." E sua mente estará revigorada depois de um descanso. Pois você não permite que a mente descanse; é por isso que sua mente continua medíocre.

Imagine um homem que deseja participar de uma prova de corrida nas Olimpíadas. Ele corre o tempo todo, 24 horas por dia, preparando-se para a prova olímpica; mas, próximo ao dia da corrida, ele não será capaz nem mesmo de mover-se, pois estará muito cansado. Antes da corrida, é necessário descansar, descansar tanto quanto possível, para que o corpo se revigore.

É exatamente isso também que deve ser feito com a mente. Imaginação criadora não tem nada que ver com memória – somente sob essa condição, a imaginação é criativa. Se conseguir entender-me, e abandonar a memória psicológica, você se tornará criativo. De outro modo, aquilo que você chama de criação não é, na verdade, criação – é apenas composição. Há uma grande diferença entre criação e composição. Você passa o tempo arranjando distintamente suas coisas velhas e conhecidas, mas elas são velhas; não há nada de novo nelas. Você simplesmente consegue reordenar as idéias.

É como arrumar o seu estúdio – a mobília é a mesma, os quadros são os mesmos, as cortinas são as mesmas, mas você pode dispô-los diferentemente. Pode pôr essa cadeira ali e essa mesa lá, e pode mudar o quadro dessa parede para outra. Talvez tudo pareça novo, mas não é. É uma composição, um arranjo; você não criou nada. É isso o que 99% dos escritores, poetas, pintores não param de fazer. Eles são medíocres; não são criativos.

A pessoa criativa é aquela que traz algo do desconhecido para o mundo que se conhece; que traz algo de Deus para o mundo; que ajuda Deus a enunciar algo – é aquela que se transforma num bambu oco e permite que Deus flua através dela; mas como tornar-se um bambu? Se você estiver muito cheio com as próprias idéias, não pode tornar-se um bambu oco. E a criatividade emana do Criador, e não de você. Você se apaga, a criatividade reluz – é quando o Criador toma posse de você.

Os verdadeiros criadores sabem muito bem disso, o fato de que não são criadores – mas apenas instrumentos, médiuns. Algo acontece por intermédio deles, é verdade, mas eles não são os realizadores disso.

Lembre-se da diferença entre o técnico e a pessoa criativa. O técnico apenas sabe como fazer algo. Talvez ele saiba perfeitamente como fazer algo, mas não tem argúcia. A pessoa criativa, sim, tem argúcia. Ela é alguém que consegue ver coisas que ninguém pôde ver antes, que consegue ver coisas que nenhum olho pôde perceber antes, que consegue ouvir coisas que ninguém foi capaz de ouvir antes. Nisso, há criatividade.

Veja, por exemplo.... As afirmações de Jesus são criativas – ninguém havia falado como ele antes. Ele não é uma pessoa educada. Não sabe nada sobre a arte do discurso, não sabe nada sobre eloqüência – mas sua eloqüência é de uma raridade que muito poucas pessoas tiveram. Qual o segredo dele? Ele tem introspecção. Olhou para dentro de Deus, devassou o desconhecido. Ele achou o desconhecido e o Incognoscível. Ele se transportou para o seio dessa imensidão, e, de lá, trouxe alguns fragmentos dela. Somente alguns fragmentos podem ser trazidos de lá, mas, quando você traz alguns fragmentos do Incognoscível, você transforma toda a qualidade da consciência humana na Terra.

Jesus é criativo. Eu o chamaria de artista. Ou um Krishna, um Buda, ou um Lao-tsé – esses são artistas mesmo! Eles fazem o impossível acontecer. O impossível é o encontro do conhecido com o desconhecido, o encontro da mente com a não-mente – isso é o impossível. Eles o fazem acontecer.

Você diz: "Mas, ao abandonar a memória, também tenho de abrir mão de minha imaginação criadora..." Não. Isso não tem nada a ver com imaginação criadora. Aliás, se puser a memória de lado, você terá imaginação criadora. Não há como você ter imaginação criadora se estiver sobrecarregado pela memória.

> Os verdadeiros criadores sabem muito bem disso, o fato de que não são criadores – mas apenas instrumentos, médiuns. Algo acontece por intermédio deles, é verdade, mas eles não são os realizadores disso.

Você diz ainda: "... pois sou escritor e tudo a respeito do qual escrevo tem origem naquilo de que me lembro". Então você não é um bom escritor. Nessa condição, você está sempre escrevendo sobre o passado; assim, você não sai do círculo dos que só conseguem escrever memórias. Você não traz o futuro para o que escreve; você está sempre escrevendo com base em registros. Você é um arquivista! Pode tornar-se escritor, mas, então, você deve estabelecer contato com o desconhecido – não com aquilo de que você se lembra. A lembrança já está morta. Você terá de estabelecer contato com aquilo que *é*, não com aquilo de que você se lembra. Você terá que manter contato com a essência que o rodeia. Você terá de mergulhar fundo no presente, de modo que algo do passado também possa ser apanhado em sua rede.

A verdadeira criatividade não emana de lembranças, mas da consciência. Você precisa tornar-se mais consciente. Quanto mais consciente você for, maior será a sua rede, e, logicamente, mais peixes serão apanhados.

Você diz: "Às vezes, pergunto-me – como seria o mundo sem a arte e a imaginação criadora que torna a arte possível?" Noventa e nove por cento da arte produzida não é arte, absolutamente; é lixo. Raramente, alguém produz uma obra de arte, muito raramente. As pessoas são meros imitadores, técnicos – pessoas hábeis, inteligentes, mas não artistas. E o desaparecimento de 99% das obras de arte da face da Terra será uma bênção, pois mais parecem vômito do que qualquer coisa criativa.

Atualmente, algo muito significativo está ganhando interesse – terapia artística. Isso é relevante, faz todo sentido. Quando as pessoas estão doentes, mentalmente doentes, a arte pode ajudar. Podemos dar à pessoa doente telas, pincéis e tinta e dizer-lhe que pinte qualquer coisa que desejar. Logicamente, qualquer coisa que ela pinte será loucura, despautério; mas, depois de pintar algumas loucuras, ficamos surpresos ao ver que ela vai recobrando a sanidade. A pintura é para ela como uma catarse; é um vômito. Seu sistema orgânico o lança para fora.

Portanto, a chamada arte moderna não é nada mais que isso. Os quadros de Picasso podem ter servido para salvar o pintor da loucura, e nada mais. E eles são perigosos nos casos em que se medite a respeito deles, pois, se meditar sobre o vômito de alguém, você enlouquece. Evite isso! Nunca tenha um quadro de Picasso em seu quarto, pois você terá pesadelos.

Veja só: Ponha na sua frente um quadro de Picasso durante quinze minutos e fique olhando para ele... e você começará a se sentir inquieto, desconfortável, tonto, nauseabundo. O que está acontecendo? É o vômito dele! Isso o ajudou, foi bom para ele, mas não é bom para as outras pessoas.

Agora, olhe para um quadro de Michelangelo e você conseguirá meditar durante horas. E, quanto mais medita, você entra num silêncio cada vez mais profundo. Isso não é vômito. Ele o trouxe do desconhecido. Não é produto de sua loucura, lançada para fora pelo sistema orgânico dele por meio da pintura, nem por meio da escultura, nem da poesia, nem da música. Ele não estava doente e desejava livrar-se de sua doença, não. Foi justamente o contrário: ele estava cheio, e não doente. Ele estava cheio – cheio da fecúndia de Deus. Algo se radicou no íntimo de seu ser e ele quis partilhá-lo com as outras pessoas. É como uma inflorescência, um preenchimento. Ele viveu de maneira criativa, ele amou a vida de uma forma criativa. Ele permitiu que a vida entrasse no mais reservado de seus santuários, e lá ele foi fecundado pela vida, ou por Deus. E, quando você é fecundado, você tem de dar à luz.

Picasso vomita; Michelangelo dá à luz. Nietzsche vomita; Buda dá à luz. Há uma grande diferença entre o que esses pares podem fazer. Dar à luz uma criança é uma coisa, e vomitar é outra.

Beethoven dá à luz; algo imensamente valioso desce das alturas por intermédio dele. Ao ouvir a sua música, você se transforma, você é transportado para outro mundo. Ele nos permite ter algum vislumbre da outra margem.

Noventa e nove por cento da chamada arte moderna é patológica. Se ela desaparecer do mundo, isso será muito saudável, será muito útil. Nenhum prejuízo ao homem resultará disso. A mente moderna é uma mente enraivecida – enraivecida porque as pessoas não conseguem entrar em contato com a própria essência; enraivecida porque elas perderam o sentido da vida; enraivecida porque não sabem o que é significativo.

Um dos famosos livros de Jean Paul Sartre é *A Náusea*. É o estado da mente moderna; ela está enojada, em estado de grande tormento. E esse tormento é sua própria criação.

Friedrich Nietzsche afirmou que Deus está morto. No dia em que declarou que Deus está morto, ele começou a enlouquecer – pois, dizer que Deus está morto... Deus não pode estar morto só porque você afirma isso. Essa afirmação não faz nenhuma diferença; mas, a partir do instante em que Nietzsche passou a acreditar nisso, em que Deus está morto, Nietzsche começou a morrer, começou a perder sua sanidade. Um mundo sem Deus está fadado a tornar-se um mundo insano – pois um mundo sem Deus não terá contexto em que possa revelar-se significativo.

Veja bem... Você lê um poema; as palavras do poema só têm significado em seu contexto. Se você tirar uma palavra do contexto, ela perde o significado. Ela se mostrava tão bela no contexto! Você recorta uma parte de um quadro, e ele fica sem sentido, pois perde seu contato com o contexto. No quadro, era muito belo; tinha um propósito, tinha algum significado. Agora, não tem sentido.

Você pode tirar-me um dos olhos da cavidade ocular, e ele será um olho morto, e não haverá nenhum sentido nele; mas, nesse momento, se você me olhar nos olhos, verá muito significado neles – pois eles existem na plenitude de seu contexto; são parte de um poema, parte de uma grande pintura. O sentido das coisas está sempre relacionado com algo maior do que você.

O dia em que Nietzsche afirmou que Deus não existe e que Ele está morto, Nietzsche perdeu o próprio contexto. Sem Deus, o homem não pode ter significado, pois o homem é uma pequena palavra no grande épico de Deus; o homem é uma pequena nota emitida pela grandiosa orquestra de Deus. Fora de seu contexto, essa pequena nota parece monótona; fere os ouvidos; é enlouquecedora.

Foi o que aconteceu com Nietzsche. Ele acreditava sinceramente em suas afirmações. Ele era um crente, um crente em si mesmo. Ele acreditava que Deus está morto e que o homem está livre – mas ele simplesmente tornou-se louco, e não livre. E os homens deste século têm seguido Friedrich Nietzsche sob mil e uma formas, e todos os homens enlouqueceram. Jamais houve uma humanidade em outras eras que tenha enlouquecido tanto quanto a deste século. Os historiadores do futuro escreverão sobre ela como a idade da loucura. Ela está louca – louca porque perdeu o próprio contexto.

Por que você está vivo? Para quê? Você dá de ombros a isso. Isso não ajuda muito. Você diz que isso é acidental. Se não fosse, não faria diferença. Se é, isso também não faz diferença. Você não faz diferença! Você é desnecessário. Você não está cumprindo nenhum propósito aqui. Sua existência e sua inexistência são a mesma coisa. Como você consegue sentir-se feliz, e como consegue manter-se mentalmente são? Acidental? Apenas acidental? Então tudo está certo, e é correto assassinar! Pois, se tudo é casual, então por que importa aquilo que você faz? Nenhuma ação tem valor – assim, o suicídio é correto; assassinar é correto; tudo é correto!

Mas, em verdade, nem tudo é correto – pois algumas coisas existem que o fazem feliz e outras existem que o fazem infeliz; algumas que geram felicidade e outras que causam somente angústia; algumas que tornam a vida infernal e outras que o transportam a um mundo paradisíaco. Não, nem tudo é igual. Mas, quando se passa a achar que Deus está morto, quando se perde contato com o Todo – e Deus nada mais é do que o Todo... Que é uma onda quando ela se esquece do oceano? Nesse caso, ela não é nada. Mas era uma grande e poderosa onda quando fazia parte do oceano.

Lembre-se: a verdadeira arte provém da verdadeira religiosidade, pois a religiosidade é uma comunhão com a realidade. Assim que você se põe em comunhão com a realidade, nasce a verdadeira arte.

Você diz: "Às vezes, pergunto-me – como seria o mundo sem a arte e a imaginação criadora que torna a arte possível?"

Se 99% do que se considera arte desaparecer, o mundo será muito mais rico – pois, com isso, nascerá a verdadeira arte. Se esses loucos pretensiosos fossem...e não estou dizendo que eles não deveriam pintar – eles deveriam, mas como terapia. Picasso precisa de terapia; pois que pinte, mas seus quadros não deveriam ser exibidos – ou, se forem, isso deveria ocorrer somente em hospícios. Talvez eles ajudem alguns loucos a liberarem seus problemas; esses quadros são catárticos.

A verdadeira arte envolve algo que o ajude a meditar. Gurdjieff costumava chamar de arte legítima a arte objetiva – ela o ajuda a meditar. O Taj Mahal é arte legítima. Você já foi ao Taj Mahal? Vale a pena ir lá. Em noite de lua cheia, basta que você se sente lá e fique apreciando aquela bela obra-prima e você será preenchido com o desconhecido. Você começará a sentir algo do além.

Gostaria de contar-lhes a história de como o Taj Mahal foi construído.

Um homem veio de Shiraz, Irã. Ele se chamava Shirazi porque era proveniente dessa cidade. Ele era um grande artista, o mais famoso de Shiraz. E era um homem miraculoso; mil e uma histórias circulavam a respeito dele antes de ele ir para a Índia. Shah Jahan era o imperador; e soubera dessas histórias. Ele convidou o escultor a comparecer à corte. E Shirazi era também místico, um místico sufi.

Shah Jahan perguntou a ele: – Ouvi dizer que você consegue esculpir o corpo de um homem ou de uma mulher apenas tocando a mão dele ou dela e sem ver o rosto dele ou dela. É verdade?

Shirazi respondeu-lhe: – Dê-me uma chance – mas com uma condição. Ponha 25 mulheres bonitas de seu palácio atrás de um anteparo, de uma cortina. Permita-me que apenas suas mãos me fiquem acessíveis, estendidas para fora da cortina. Eu lhes tocarei as mãos e farei minha escolha – mas com uma condição. Qualquer uma que eu escolher, farei uma estátua dela: se a estátua ficar absolutamente verossímil e o senhor satisfeito, toda a sua corte satisfeita, essa mulher será minha; eu me casarei com ela; quero uma mulher de seu palácio.

Shah Jahan aceitou a proposta. E disse: — Certamente.

Vinte e cinco escravas, jovens e belas, foram postas atrás de uma cortina. Ele foi da primeira à segunda e desta à vigésima quinta, e rejeitou todas. Apenas por brincadeira, a filha de Shah Jahan, para pregar uma peça, ficou também atrás da cortina — quando as 25 jovens foram recusadas, ela pôs a mão para fora. Ele tocou-lhe a mão, fechou os olhos, sentiu algo, e disse: — Essa é a mão. — E pôs um anel no dedo da filha do imperador para dizer que "se eu for bem-sucedido, ela será a minha esposa".

O imperador estendeu a mão por trás da cortina e ficou aterrado: — O que esta menina fez? — Mas não ficou preocupado, pois achava que era quase impossível fazer uma estátua de alguém apenas tocando-lhe a mão.

Durante três meses, Shirazi se manteve isolado num quarto. E trabalhou dia e noite. Depois de três meses, solicitou a presença do imperador e de toda a corte — e o imperador não conseguiu acreditar no que os seus olhos viram. A estátua era idêntica à jovem. Ele *conseguira*. O imperador não achou nenhum defeito na escultura — ele queria achar, pois não estava disposto a permitir que sua filha se casasse com o homem pobre, mas não havia como evitar isso. Ele tinha dado sua palavra.

Ele ficou transtornado, e sua esposa ficou também tão perturbada, que adoeceu. Ela estava grávida, e, ao dar à luz uma criança, morreu — de angústia. O nome dela era Mumtaz-Mahal.

O imperador ficou desesperado — como salvar sua filha? Ele solicitou a presença do escultor, e disse a ele tudo que estava sentindo. — Foi um equívoco. E a menina errou também, mas veja a minha situação: minha esposa morreu, e a razão disso foi o fato de que ela não conseguiu aceitar a idéia de que sua filha partisse com um homem pobre. E também não posso aceitá-la — embora eu lhe tenha feito uma promessa.

O escultor, o artista, disse: — Não há necessidade de ficar tão preocupado. O senhor deveria ter-me dito. Voltarei só. Nenhuma necessidade de preocupar-se. Não insistirei; voltarei para Shiraz. Esqueça isso!

Mas o imperador disse: — Isso é impossível; não posso esquecer. Eu lhe prometi, dei-lhe a minha palavra. Espere. Deixe-me pensar.

O primeiro-ministro sugeriu: — Faça o seguinte: sua esposa morreu, e este homem é um grande artista, alguém que provou que é bom — peça-lhe que faça algo em memória de sua esposa. Talvez fosse bom construir um mausoléu magnífico, o mais belo do mundo. E estabeleça a condição de que, se o senhor aprovar a maquete dele, o senhor terá que dar a ele a mão de sua filha em casamento. Se o senhor não aprovar a maquete, o assunto estará encerrado.

A proposta foi discutida com o artista, e este a aceitou. Ele disse: — Perfeitamente.

"Agora", pensou o imperador, "jamais aprovarei a maquete."

Shirazi fez muitas maquetes, e elas ficaram magníficas, mas, mesmo assim, o imperador insistia em dizer: — Não, não, não.

O primeiro-ministro desesperou-se, pois as maquetes eram de rara beleza. Cada uma delas o era, e não aprová-las era injusto. E ele começou a espalhar boatos, principalmente diante do escultor. — A moça que você escolheu, a filha do rei, está muito doente. — Durante uma semana, foi dito que ela estava muito doente; depois, na semana seguinte, o boato era de que ela estava muito, muito doente; e, na terceira, ela morreu — pela boca dos boateiros.

Quando chegou aos ouvidos do escultor o boato de que a moça tinha morrido, ele fez sua última maquete. A moça estava morta, e o coração dele partido. E essa seria a última maquete. Ele a levou ao rei, e este a aprovou. A farsa da morte da moça era de modo a fazer com que o artista não tivesse como reivindicar o direito de casamento.

E a maquete deu origem ao Taj Mahal. Ele foi criado por um místico sufi. Como ele poderia criar a imagem inteira da moça apenas tocando-lhe uma das mãos? Ele só pode ter estado em um tipo de dimensão diferente. Ele deve ter posto de lado, naquele momento, a influência da mente. Deve ter sido para ele um momento de profunda meditação. Então, ele apalpou a energia e, apenas sentindo-a, conseguiu criar a estátua.

Atualmente, isso pode ser entendido muito mais logicamente pelo método Kirlian de fotografia*, pois todo tipo de energia tem seu padrão vibratório. Seu rosto não é produto do acaso; seu rosto é assim porque você tem um padrão energético característico. Seus olhos, seus cabelos, sua cor – tudo isso existe conforme um padrão energético específico.

Os que se afeiçoam à meditação têm trabalhado com padrões energéticos através das eras. Assim que identifica o padrão energético de alguém, você passa a conhecer-lhe toda a personalidade. Você passa a conhecer-lhe tudo, por dentro e por fora – pois é o padrão energético que cria tudo. Por meio dele, você conhece passado, presente e futuro. Assim que se consegue entender o padrão energético, descobre-se a chave, a essência, de tudo que lhe aconteceu e de tudo que lhe ocorrerá.

Isso é arte objetiva. Esse homem criou o Taj Mahal.

Em noite de lua cheia, ao meditar sobre o Taj Mahal, seu coração pulsa com uma nova essência amorosa. O Taj Mahal ainda traz em si a energia amorosa. Mumtaz-Mahal morreu por causa de seu amor pela filha; Shah Jahan sofreu por causa do amor; e Shirazi criou-lhe a maquete porque sofreu muito, porque ficou profundamente ferido, pois seu

---

*Processo criado pelos inventores soviéticos Semyon D. & Valentina K. Kirlian por meio do qual se obtêm fotografias pela aplicação de um campo elétrico de alta freqüência a um objeto, de modo que irradie um padrão de lumininescência característico para que se possa gravá-lo numa película fotográfica. (N. do T.)

futuro lhe parecia tenebroso. A mulher que ele escolhera já não existia. Por causa de muito amor e meditação, o Taj Mahal ganhou vida. Ele ainda está impregnado das vibrações de outrora. Não é um monumento comum, mas uma obra especial. Tal é o caso das pirâmides do Egito, e há muitas, muitas coisas no mundo criadas por meio da arte objetiva – criadas por aqueles que sabiam o que estavam fazendo, criadas por grandes meditadores. E também dos Upanixades, e dos sutras de Buda, e dos ensinamentos de Jesus.

Lembre-se: para mim, criatividade significa contemplatividade, criatividade significa um estado de ausência da razão – então, Deus desce sobre você; então, o amor flui através de seu ser. Com isso, algo ocorre em razão de seu bem-estar, bem-estar transbordante. É uma bênção. De outro modo, é vômito.

Você pode pintar, você pode escrever como forma de terapia; mas, depois, queime seus quadros, e queime seus poemas. Você não precisa ficar exibindo seu vômito às pessoas. E as pessoas que se interessarem por seu vômito, devem estar doentes também; elas também precisam de terapia – pois, quando você se interessa por algo, você demonstra quem você é, onde você está.

> Você pode pintar, você pode escrever como forma de terapia; mas, depois, queime seus quadros e queime seus poemas. Você não precisa ficar exibindo seu vômito às pessoas.

Sou inteiramente a favor da arte objetiva, sou inteiramente a favor da contemplatividade artística, sou inteiramente a favor da descida de Deus sobre o homem. Com isso, você se torna o veículo.

E você diz: "Um Tolstoi jamais poderia tornar-se um Buda." Quem lhe diz isso? Um Tolstoi *pode* tornar-se um Buda, *tornar-se-á* um Buda mais cedo ou mais tarde.

E você diz também: "E, por outro lado, poderia o Buda escrever *Guerra e Paz*?" E o que o Buda fez? O que eu estou fazendo aqui? Você já leu o *Gita* de Krishna? – é *Guerra e Paz*! Tolstoi conseguiu escrever *Guerra e Paz*, *Anna Karenina* e muitas outras coisas belas não porque ele era Tolstoi, mas apesar de ser um Tolstoi. Dostoievski escreveu *O Idiota*, *Crime e Castigo* e uma das mais belas obras, *Os Irmãos Karamazov* – não porque ele foi Dostoievski, mas apesar disso. Nele, havia algo de um Buda; algo nele era profundamente religioso. Dostoievski era um homem religioso – não plenamente, mas uma parte, um fragmento dele, era profundamente religioso. É por isso que *Os Irmãos Karamazov* traz em si uma qualidade tão sublime. A obra não saiu apenas de um homem comum; algo proveio do divino. Deus se apossou de Dostoievski, tornou-lhe um veículo. Logicamente, ele não foi um veículo perfeito; muitas coisas são de sua própria mente. Ainda assim, *Os Irmãos Karamazov* é uma bela obra. Se nela não tivesse havido nada de Dostoievski, nada da memória, nada do ego, nada de patologia, *Os Irmãos Karamazov* teria sido outro evangelho; teria sido algo à altura dos ensinamentos de Jesus ou algo como os Sutras ou os Upanixades. Ele tinha qualidade!

2. DEPRESSÃO PÓS-PARTO

Quando estou escrevendo um livro, sinto-me transbordante de energia e alegria. Mas, quando o termino, sinto-me tão vazia e cansada, que mal suporto viver. Neste exato momento, estou começando a escrever, mas, embora eu me sinta feliz quando estou trabalhando, durante a sessão de meditação sou tomada pelo receio do vazio que sei que haverá em mim daqui a alguns meses.

Quatro Questões

Essas considerações são de uma romancista. Li seus romances, e eles são bons. Ela tem talento – sabe contar uma história inteligentemente, sabe como tramá-la. E esse fenômeno não ocorre apenas com ela; é um fenômeno que ocorre com quase todas as pessoas que, de algum modo, são criativas. Mas, mesmo assim, a interpretação é errônea, e muito depende da interpretação.

Quando uma mulher leva uma criança na barriga, ela fica cheia. Obviamente, quando a criança nasce, ela se sente vazia. Ela sente falta da nova vida que pulsava e se mexia no útero. A criança saiu; ela se sente vazia durante alguns dias. Mas ela pode devotar amor à criança, e pode esquecer seu vazio amando a criança e ajudando-a a desenvolver-se. Para o artista, até isso é impossível. Você pinta, ou escreve um poema ou um romance; assim que o termina, você sente um vazio profundo. E o que você pode fazer com o livro agora? Portanto, o artista fica numa situação muito mais difícil que uma mãe. Quando se termina um livro, ele está terminado – agora, ele não precisa de ajuda, de amor. Ele não se desenvolverá. Ele está feito, nasceu adulto. Quando se termina um quadro, ele está terminado. O artista se sente muito vazio. Mas é necessário refletir mais sobre esse vazio. Não diga que você está exausto; ao contrário disso, diga que você está cansado. Não diga que você está vazio, esgotado, pois o vazio também tem em si uma espécie de plenitude. Você está vendo as coisas pelo lado errado.

Você entra num quarto, e vê a mobília, quadros nas paredes e outras coisas. Mas, depois, essas coisas e os quadros são removidos dali, e você torna a entrar no quarto – agora, que você dirá? Você dirá que ele é um quarto vazio ou um quarto cheio? *Quarto* significa "vazio"; *quarto* significa "espaço". Com a remoção da mobília, o quarto está cheio. Quando a mobília estava lá, o quarto não estava cheio; muito lhe faltava por causa da presença da mobília. Agora, o quarto está completo, seu vazio é total.

Você pode ver as coisas por dois pontos de vista. Se você é muito apegado a mobília, de tal modo que consegue ver apenas as cadeiras, e as mesas, e o sofá, e não consegue ver a amplidão do quarto, ele lhe parecerá vazio. Mas, se você está consciente e consegue ver o vazio de forma direta, você terá grande sensação de liberdade, a qual não estava lá antes porque também o quarto não lhe parecia estar; em verdade, você não conseguia entrar nele. Encha-o até não poder mais de mobília, e chegará o momento em que você não conseguirá mover-se mais, pois todo o quarto terá deixado de existir.

Em certa ocasião, fiquei hospedado na casa de um homem muito rico. Ele era de fato muito rico, mas não tinha gosto. Sua casa era tão cheia, que não se podia dizer que era uma casa, absolutamente. Você não conseguia mover-se nela, e sempre se sentia receoso de mover-se, pois ele tinha antiguidades preciosas. Ele mesmo tinha receio de movimentar-se pela casa. Seus próprios serviçais ficavam sempre preocupados em transitar por ela. Ele me forneceu o melhor, o mais belo quarto de sua casa. E eu disse a ele: "Isto não é um quarto; é um museu. Por favor, dê-me algo em que eu possa mover-me; esse, sim, será um quarto. Isto aqui não é um quarto." O quarto quase desaparecera!

O quarto significa a liberdade que o espaço lhe dá. Quando está trabalhando, criando, sua mente fica cheia de muitas coisas. Ela fica ocupada. Ao escrever um romance, a mente fica ocupada; ao compor um poema, a mente fica ocupada. Ela fica com excesso de mobília, a mobília da mente – pensamentos, sentimentos, personagens. Depois, o livro é terminado. De repente, a mobília se vai. Você se sente vazio. Mas não há por que ficar triste por isso. Se vir as coisas da forma correta – o Buda chamava isso de visão direita, *samyak drasthi* – se procurar ver as coisas apropriadamente, você se sentirá livre de uma obsessão, de uma ocupação. Você se sentirá limpo novamente, aliviado. Os personagens do romance já não se movem lá dentro. Os convidados se foram, e, agora, o anfitrião está totalmente à vontade. Exulte nisso! Sua interpretação equivocada está causando-lhe tristeza e receio. Desfrute o momento – você já notou que, quando uma visita vem à sua casa, você se sente bem, mas, quando ela vai embora, você se sente melhor? Ela o deixa só consigo mesmo, e, então, você fica com o seu espaço somente para você.

Escrever romances é mesmo enlouquecedor, pois são muitos os personagens que se tornam visitas, e cada um deles tem seu jeito próprio de ser. E nem sempre o personagem dá ouvidos ao escritor, nem sempre. Às vezes, ele ganha vida própria, e faz o escritor seguir em dada direção. O escritor inicia o romance, mas jamais o termina. Os personagens é que o terminam por si mesmos.

Isso é como dar à luz uma criança. Você pode gerar uma criança, mas, depois, a criança começa a mover-se por conta própria. É possível que a mãe estivesse pensando que a criança fosse tornar-se médico, mas ela se torna um vagabundo – que se pode fazer? Você se esforça na criação dela, mas ela se torna um vagabundo.

Ocorre o mesmo quando você escreve um romance: você o inicia com um personagem – você iria torná-lo um santo, mas ele se torna um pecador. E, eu lhe digo, é exatamente isso o que ocorre com uma criança: a mãe se preocupa, o romancista se preocupa. O romancista queria que ele se tornasse um santo, mas ele está tornando-se um pecador, e nada pode ser feito. O escritor se sente quase impotente, quase usado pelos próprios personagens. Eles são criações dele – mas, assim que se passa a cooperar com eles, eles tornam quase reais. E, a menos que você se livre deles, você jamais fica em paz. Quando você tem um livro na mente, é necessário escrevê-lo para que você se livre dele. É uma catarse, um alívio pessoal.

É por isso que as pessoas criativas quase sempre enlouquecem. Os medíocres jamais enlouquecem – eles não têm o que lhes possa enlouquecer, nada na vida deles é enlouquecedor. Os criadores enlouquecem quase sempre. Um Van Gogh pode enlouquecer, um Nijinsky pode enlouquecer, um Nietzsche pode enlouquecer. Por que pessoas como eles enlouquecem? Porque elas ficam muito ocupadas, muitas coisas acontecem em suas mentes. Elas não têm nenhum espaço só delas mesmas dentro de si. Muitos são os que ficam lá dentro, e que entram e saem. É quase como se elas ficassem sentadas numa estrada com um tráfico incessante. Todo artista paga um preço por isso.

Lembre-se: quando um livro é terminado, e uma criança nasce, sinta-se feliz com isso – desfrute esse espaço, pois, mais cedo ou mais tarde, surgirá outro livro. Assim como as folhas nascem das árvores, como as flores brotam das árvores – da mesma forma, poemas nascem de poetas, romances nascem de escritores, quadros nascem de pintores, música nasce de cantores. Nada pode ser feito; tudo é natural.

Portanto, às vezes, quando, no outono, as folhas tiverem caído, e as árvores se exibirem em vazio contraste com o céu, desfrute o momento. Não chame isso de vazio: chame isso de um novo tipo de plenitude – de plenitude de si mesmo. Então, não há ninguém para intrometer-se em seus assuntos; você descansa em si mesmo. Esse período de descanso é necessário para todo artista; é parte de um processo natural. O corpo de todas as mães precisa de descanso. Nasce uma criança, e outra é concebida... isso costumava acontecer, costumava acontecer no Oriente, e, na Índia ainda ocorre. Aos 30 anos de idade, a mulher é quase uma senhora, por dar à luz sem parar, sem intervalo para refazer-se, para rejuvenescer seu ser, para ficar um pouco só. Ela fica exausta, cansada. Sua juventude, seu frescor, sua beleza, se perdem. É necessário um período de descanso quando você dá à luz uma criança. Você precisa descansar um pouco. E, quando a prole é a de um leão, o período de descanso tem que ser longo. A leoa dá à luz somente um filhote, pois todo o seu ser se envolve nessa tarefa. E, então, pois, deve seguir-se um período de descanso, um longo período de descanso e refazimento, para recuperação da energia que você doou à criança – para que você se refaça de modo que algo mais possa nascer de você.

Ao terminar de escrever um romance, e quando ele é uma verdadeira obra de arte, você se sente vazio. Mas, quando se trata apenas de um artigo de jornal que você fez por dinheiro em aceitação da oferta de algum editor que havia feito contato com você, o fenômeno não é muito intenso. Você não se sente vazio depois disso; tudo lhe parece igual. Quanto mais profunda a sua criação, mais profundo será o seu vazio depois. Quanto mais forte a tempestade, maior será a bonança que virá em seu rasto. Desfrute isso. A tempestade é boa; desfrute-a; e o silêncio que se segue também é bom. O dia é belo, cheio de atividade; a noite também é muito bela, plena de calmaria, passividade, vacuidade. Você dorme. De manhã, você volta ao mundo cheio de energia para trabalhar, agir.

Não tenha medo da noite. Muitas pessoas têm medo dela. Há uma *sannyasini* que chamo de Nisha. *Nisha* significa "a noite". Ela está sempre me procurando para dizer-me: "Por favor, mude o meu nome." Por quê? Ela responde: "Tenho medo da noite." Por que, entre tantos nomes, você escolheu esse para mim? Mude-o. Mas não vou mudá-lo. Eu a batizei com esse nome conscientemente, por causa do medo dela – seu medo da escuridão, seu medo da passividade, seu medo do relaxamento, seu medo de entregar-se. Tudo isso ressalta da palava noite.

> Quanto mais profunda a sua criação, mais profundo será o seu vazio depois. Quanto mais forte a tempestade, maior será a bonança que virá em seu rasto. Desfrute isso. A tempestade é boa; desfrute-a; e o silêncio que se segue também é bom.

É necessário que se aceite a palavra noite também. Somente assim você se torna completo, pleno, íntegro.

Portanto, não tenha prevenção contra ela. Seu vazio é belo, mais belo do que os dias de criatividade – pois essa criatividade vem do vazio, como as flores vêm do vazio. Desfrute esse vazio, sinta-se feliz e abençoado. Aceite-o, receba-o como uma bênção, e logo verá que você estará novamente cheio de atividade e que um livro ainda mais grandioso nascerá. Não se preocupe com o vazio. Não há necessidade disso. Ele é apenas um belo fenômeno, embora mal-interpretado.

Mas o homem vive de palavras. Assim que alguém designa algo com uma palavra errada, você começa a sentir-se receoso dele. Seja muito, muito preciso. Procure sempre lembrar-se do que fala, pois falar não é simplesmente falar; isso cria profundas associações em seu ser. Quando chama algo de vazio, você se torna receoso – por causa de uma simples palavra.

Na Índia, temos melhores palavras para designar a idéia de vazio. Nós a chamamos de *shunya*. A própria palavra é positiva; não tem nenhuma negatividade em si. É uma bela palavra; ela significa, simplesmente, espaço, algo sem fronteiras – *shunya*. E chamamos o objetivo fundamental de *shunya*. O Buda afirma que, quando você se torna *shunya*, quando você se torna um nada absoluto, você chega à fonte.

O poeta, o artista, o pintor, é alguém em vias de se tornar um místico. Toda atividade artística trilha o caminho da transformação em religiosidade. Quando está ativo, compondo um poema, você está na mente. Quando o poema nasce, você fica cansado, e a mente descansa. Use esses momentos para entrar em si mesmo. Não chame isso de vazio; chame-o de plenitude; chame-o de ser, de verdade, de Deus. Então, você será capaz de sentir a natureza abençoada dele.

3. CRIATIVIDADE E CRUZAMENTO

Sinto em mim a vocação para me expressar artisticamente e fiz um curso clássico e rigoroso de música ocidental. Muitas vezes, sinto que o treinamento recebido sufoca minha espontaneidade criativa, e tenho tido muita dificuldade para praticar regularmente ultimamente. Já não tenho certeza de quais sejam as qualidades da verdadeira arte e por qual processo o artista produz e transmite arte genuína. Como posso sentir o artista em mim?

O paradoxo da arte é que, primeiro, você tem que aprender sua técnica e, depois, você tem que esquecê-la totalmente. Quando não lhe conhece os rudimentos, você não consegue aprofundar-se muito nela. Mas, quando lhe conhece apenas a técnica e fica a vida inteira praticando-a, talvez você se torne muito capaz tecnicamente, mas continuará a ser apenas um técnico; jamais se tornará um artista.

Nos meios budistas, costuma-se dizer que, se você quiser ser pintor, precisa estudar pintura durante doze anos, e, depois, no curso de outros doze, esquecer tudo que aprendeu. Simplesmente, esqueça tudo – como se o que você aprendeu não tivesse nada a ver com você. Durante doze anos, medite, corte lenha, pegue água no poço. Faça qualquer coisa, exceto pintar.

Um dia, porém, você conseguirá pintar. Vinte e quatro anos de treinamento: doze anos estudando a técnica e doze anos exercitando-se no esquecimento dela. Com isso, você consegue pintar. Agora, a técni-

> O poeta, o artista, o pintor, é alguém em vias de se tornar um místico. Toda atividade artística trilha o caminho da transformação em religiosidade."

ca é uma parte natural de seu ser; já não é conhecimento puramente técnico; ela se tornou parte de seu sangue, de seus ossos, de seu âmago. Agora, você consegue ser espontâneo. Ela não o estorvará mais, não o aprisionará mais.

Essa é exatamente a minha experiência.

Agora, não pratique mais. Esqueça tudo sobre música clássica. Faça outros tipos de coisas: jardinagem, escultura, pintura, mas esqueça essa coisa de música clássica, como se ela não existisse mesmo. Durante alguns anos, deixe que ela descanse no íntimo de seu ser para que seja assimilada. Não é mais uma técnica. Assim, um dia, um surto de inspiração se apossará de você – e, então, você começará a tocar novamente. E, quando voltar a tocar, não se importe muito com a técnica, pois, do contrário, você jamais será espontâneo.

Seja um tanto inovador – criatividade é isso. Conceba novas formas, novos meios de criar. Tente algo novo, que ninguém jamais fez. Os melhores exemplos de criatividade ocorrem com as pessoas cuja formação é de outra área.

Por exemplo, quando um matemático começa a tocar música, ele leva algo novo ao mundo da música. Quando um músico se torna matemático, ele leva algo novo ao mundo da matemática. Toda grande criatividade ocorre por intermédio de pessoas que se transferem de um campo do conhecimento para outro. É como um cruzamento, uma hibridação. E as crianças que nascem de miscigenação são muito mais saudáveis, muito mais belas.

Seja um tanto inovador – criatividade é isso. Conceba novas formas, novos meios de criar. Tente algo novo, que ninguém jamais fez. Os melhores exemplos de criatividade ocorrem com as pessoas cuja formação é de outra área.

É por isso que em todos os países, durante séculos, casamentos entre irmãos e irmãs têm sido proibidos; há uma razão para isso. O casamento é melhor quando entre pessoas de parentesco distante ou sem nenhum parentesco mesmo no que diz respeito à natureza sangüínea. Ele é bom quando as pessoas de uma raça se casam com as de outra – e, se algum dia, descobrirmos a existência de humanidades em outros planetas, a melhor coisa a fazer será promover a miscigenação entre os terráqueos e as pessoas desses planetas! Então, surgirão novos e melhores biótipos.

A proibição, o tabu contra o relacionamento entre irmãos, seu casamento, é relevante – cientificamente relevante. Mas a questão não foi levada em conta ao extremo, ao seu extremo lógico. Esse extremo envolve o fato de que o indígena não deveria casar-se com outro indígena, o alemão não deveria casar-se com uma pessoa da mesma raça. A melhor coisa é que o alemão se case com um indígena, que o indígena se case com um japonês, que o japonês se case com um africano, que o africano se case com um americano, que um judeu se case com um cristão, que um cristão se case com um hindu, que um hindu se case com um muçulmano. Isso é a melhor coisa. Isso sublimaria a consciência dos povos de todo o planeta. Isso nos daria crianças melhores, mas inteligentes, mais vigorosas, mais ricas em todos os aspectos possíveis.

Mas somos tão tolos, que achamos que podemos fazer qualquer coisa, que aceitamos tudo. Se não, o que estou dizendo?

Chauncey, jovem e belo rapaz, conversava seriamente com sua mãe.

– Mamãe, chegou o momento – e chegou mesmo – no qual devemos ter uma conversa de coração para coração sobre meu relacionamento com Myron. Para ser franco, nosso relacionamento transformou-se – como poderei dizê-lo sem parecer indelicado? – em algo lindo, bom e até mesmo santo. A verdade é que, mãe querida, eu amo Myron, e Myron me ama também. Queremos nos casar o mais cedo possível, e ambos esperamos que você nos abençoe o relacionamento.

— Mas, Chauncey — protestou a mãe —, você tem consciência do que está dizendo? Você pode esperar realmente que eu aceite esse casamento? O que as pessoas dirão? O que nossos amigos e vizinhos pensarão disso?

— Ah, mãe, agora a senhora vai começar a dar uma de chata — posso sentir isso em meus ossos. E depois que temos sido bons amigos também. Jamais poderia esperar isso da senhora — logo da senhora!

— Mas, filho, você não pode ir contra as convenções do mundo assim!

— Está bem, mamãe, tratemos o assunto abertamente, como pessoas civilizadas. Exatamente que tipo de objeção você ou qualquer outra pessoa poderia ter contra a vontade de Myron e eu nos tornarmos marido e marido?

— Você sabe muito bem por que me oponho a isso; ele é judeu!

As pessoas se antagonizam muito. Elas têm sido condicionadas por esse antagonismo há tanto tempo, que se esqueceram completamente de que todos nós somos seres humanos, que pertencemos todos à Terra, ao mesmo planeta.

Quanto maior a distância entre o marido e a esposa, melhor serão os filhos gerados pelo casamento. E o mesmo ocorre na música, na pintura, na matemática, na física, na química — uma espécie de hibridação. Toda vez que uma pessoa muda de um campo de atividade para outro, ela traz a essência do seu ramo de conhecimento, embora ele não possa ser posto em prática em seu novo campo de atuação. Que você pode fazer com sua música quando passa a dedicar-se à física? Você tem que esquecer tudo sobre música, mas ela permanece ao fundo. A física está muito distante dela, mas, se você foi bem treinado na música, mais cedo ou mais tarde, você desenvolverá teorias, hipóteses que, de algum modo, terão a cor e a essência da música. É possível que você comece a achar que o mundo é um todo harmonioso – não um turbilhão caótico, mas um cosmo. Talvez você comece a sentir, a pesquisar os domínios mais profundos da física; a achar que a vida é uma sinfonia. Agora, isso não é possível para alguém que não conheceu nada sobre música.

Se um dançarino se transferir para o campo da música, ele trará algo de sua arte para a nova arte.

Quando se acostumar com uma disciplina, quando sentir-se aprisionado numa técnica, simplesmente dê um jeito de passar para outra. É uma boa idéia, uma excelente idéia, ficar mudando de uma área de conhecimento para outra. Você verá que vai ficando cada vez mais criativo.

Mas uma coisa deve ser lembrada: se você se tornar realmente criativo, talvez não fique famoso. A pessoa verdadeiramente criativa leva tempo para tornar-se famosa, pois ela tem que criar valores – novos valores, novos critérios. Só então sua obra pode ser avaliada. Ela precisa esperar pelo menos cinqüenta anos; talvez, então, ela esteja morta. Mas só então as pessoas começam a apreciá-la. Se quiser fama, esqueça tudo sobre criatividade. Nesse caso, apenas pratique e pratique, e apenas continue a fazer aquilo que você consegue fazer mais habilmente, com mais perfeição técnica, e você será famoso – pois as pessoas entendem isso, dado que é algo já aceito.

Sempre que traz algo novo ao mundo, você está fadado a ser rejeitado. O mundo jamais perdoa a pessoa que lhe traz algo novo. A pessoa criativa é alguém quase sempre condenado a ser punida pelo mundo, lembre-se disso. O mundo admira a pessoa sem criatividade, mas hábil, tecnicamente perfeita, pois perfeição técnica simplesmente significa perfeição do passado. E todos entendem o passado, todos foram educados para entendê-lo. Trazer algo novo ao mundo significa que ninguém será capaz de admirá-lo; esse algo pode ser tão inédito, que não há critérios com os quais se possam avaliá-lo.

Não existem meios ainda no mundo pelos quais as pessoas possam entendê-lo. Serão necessários pelo menos cinqüenta anos ou mais – o artista estará morto – para que as pessoas comecem a admirá-lo.

Vincent van Gogh não foi compreendido em seu tempo. Nem mesmo um único quadro seu foi vendido. Hoje, todos os seus quadros são vendidos por milhões de dólares – e as pessoas não se mostravam nem mesmo dispostas a aceitar esses quadros como presente das mãos de Vincent van Gogh – os mesmos quadros! Ele os dava a amigos, a qualquer um que se mostrasse disposto a pendurá-los nas paredes de suas casas. Mas ninguém se mostrava inclinado a pendurar os quadros dele em suas paredes, pois as pessoas ficavam preocupadas com o que as outras poderiam dizer: "Você enlouqueceu ou algo assim? Que tipo de quadro é este?"

Todos entendem o passado, todos foram educados para entendê-lo. Trazer algo novo ao mundo significa que ninguém será capaz de admirá-lo; esse algo pode ser tão inédito, que não há critérios com os quais se possam avaliá-lo.

Vincente van Gogh tinha seu próprio mundo. Ele trouxe para este uma nova visão. Foram necessárias várias décadas; aos poucos, a humanidade começou a sentir que havia algo naqueles quadros. A humanidade é lerda e letárgica; ela fica para trás no tempo. E a pessoa criativa está sempre à frente de seu tempo; daí, o abismo.

Portanto, se quiser realmente ser criativo, você terá que aceitar o fato de que não pode ser famoso, que não pode ser amplamente conhecido. Se deseja realmente ser criativo, você tem que assimilar o fenômeno da "arte pela arte", e rejeitar todas as outras motivações. Então, exulte em tudo o que estiver fazendo. Se conseguir encontrar alguns amigos com quem possa compartilhar da alegria do que você faz, bom; se não houver ninguém para apreciá-lo com você, então desfrute-o sozinho. Se *você* estiver gostando do que faz, isso bastará. Se se sentir realizado com isso, isso será suficiente.

Você me diz: "Já não tenho certeza de quais sejam as qualidades da verdadeira arte."

A verdadeira arte é aquela que o ajuda a tornar-se silencioso, tranquilo, feliz; se ela é para você motivo de alegria, se o faz exultar – o fato de alguém compartilhar de sua alegria ou não é irrelevante. Se é uma ponte entre você e Deus, ela é arte verdadeira. Se serve para você como uma forma de meditação, é arte verdadeira. Se você se integra nela, e tão completamente, que o ego desaparece, ela é arte verdadeira.

Assim, não se preocupe em saber o que é a verdadeira arte. Se você exulta no que faz, se você se amalgama com o que faz, se você se sente completamente tomado de alegria e paz com o que faz, isso é arte autêntica. E não se incomode com o que os críticos disserem. Os críticos não sabem nada sobre arte. Aliás, os que são incapazes de se tornarem artistas se tornam críticos. Quando não se pode participar de

Exulte em tudo o que estiver fazendo. Se conseguir encontrar alguns amigos com quem possa compartilhar da alegria do que você faz, bom; se não houver ninguém para apreciá-lo com você, então desfrute-o sozinho. Se você estiver gostando do que faz, isso bastará. Se se sentir realizado com isso, isso será suficiente.

uma corrida esportiva, quando não se pode ser um corredor olímpico, pelo menos é possível ficar à beira da pista atirando pedras nos corredores; isso é fácil de fazer.

É o que os críticos estão sempre fazendo. Eles não conseguem participar, não conseguem criar nada.

Li sobre o caso de um místico sufi que adorava pintar, e todos os críticos do seu tempo eram contra ele. Todas as pessoas que mantinham contato com ele apontavam defeitos em sua obra: "Isto está errado, está errado."

Ele acabou cansando-se dessas pessoas. Assim, um dia, ele expôs todos os seus quadros na frente da sua casa. E solicitou a presença de todos os críticos e disse a eles que pegassem pincéis e tinta para que pudessem corrigir os defeitos dos quadros – eles o haviam criticado o suficiente; agora, chegara a hora de fazer as correções.

Nem mesmo um único crítico apareceu. É fácil criticar, é difícil corrigir. E, depois disso, os críticos pararam de criticar seus quadros. Ele fez a coisa certa!

As pessoas incapazes de criar se tornam críticos – portanto, não se preocupe com elas. O fundamental é o seu sentimento, sua chama íntima, seu bem-estar interior. Se fazer música lhe proporciona sensação de bem-estar, a alegria brota em você, o ego desaparece; então, o que você faz se torna uma ponte entre você e Deus. A arte pode ser a oração mais poderosa, o meio de meditação mais poderoso. Quando você consegue envolver-se em qualquer tipo de arte, música, pintura, escultura, dança; se alguma forma de arte consegue radicar-se no íntimo de seu ser, ela pode ser o melhor meio de orar, a melhor maneira de meditar. Com isso, você não precisa de nenhum tipo de meditação; ela é a sua forma de meditação. Ela o conduzirá lenta, lentamente, passo a passo, para o seio de Deus. Portanto, este é o meu critério: se ela o conduz para Deus, é arte verdadeira, é arte autêntica.

4. A ARTE DE ENRIQUECER

Você poderia falar sobre dinheiro? Que são todos esses sentimentos relacionados à questão do dinheiro? O que o torna tão poderoso que faz com que as pessoas sacrifiquem a vida por ele?

É uma pergunta muito significativa.

Todas as religiões têm se oposto à riqueza porque ela é capaz de lhe dar tudo que pode ser adquirido na vida. E quase tudo pode ser comprado, exceto valores espirituais, como amor, compaixão, iluminação, liberdade. Essas coisas são exceção – e a exceção é sempre algo que foge à regra. Todas as outras coisas podem ser adquiridas com o dinheiro. Porque todas as religiões têm sido contra a vida, certamente elas haviam de ser também contra o dinheiro. É uma conseqüência natural. A vida precisa de dinheiro, pois ela precisa de conforto, de boa comida, de boas roupas, de bons lares. A vida precisa de boa literatura, música, arte, poesia. A vida é ampla!

E a pessoa que não consegue entender música clássica é pobre de espírito. Ela é surda. Talvez ela consiga ouvir – seus olhos, seus ouvidos, seu nariz, todos os seus sentidos funcionam perfeitamente bem biologicamente – mas metafisicamente... Você percebe a grandiosidade da obra *O Livro de Mirdad*? Se não percebe, você é cego.

Conheci pessoas que nem mesmo ouviram falar em *O Livro de Mirdad*. Se eu fizesse uma lista dos grandes livros, esse a encabeçaria. Mas, para perceber-lhe a grandiosidade, você precisará de muita disciplina.

Só é possível entender música clássica se você estudar o assunto – e o aprendizado é longo. Para aprendê-la, você precisa libertar-se da fome, da pobreza, de todo tipo de preconceito.

Por exemplo, os muçulmanos proibiram a música; com isso, privaram os homens de uma experiência magnífica. Em certa época, em Nova Delhi... um dos mais poderosos imperadores muçulmanos, Aurangzeb, estava no poder. E ele não era apenas poderoso, mas também terrível.

Até os dias dele, os imperadores muçulmanos costumavam dizer apenas que a música era contrária ao Islã, mas só isso; Delhi era cheia de músicos. Porém, Aurangzeb era um homem insensível. Ele baixou um decreto pelo qual todo músico cuja música fosse ouvida em Delhi seria decapitado. E Delhi era um centro cultural, naturalmente, pois era a capital da Índia havia milhares de anos. Portanto, era o lugar em que vivia toda espécie de gênio.

Quando seu decreto foi instituído, todos os músicos se reuniram e disseram: "É necessário fazer algo; isso é demais! Eles costumavam dizer que a música é contrária ao Islã – tudo bem. Mas esse homem é perigoso; ele começará a causar mortes." Assim, para protestar, todos os músicos – havia milhares deles – foram ao palácio de Aurangzeb.

Ele apareceu na sacada e disse ao povo: – Quem morreu? – pois o que eles tinham feito... eles estavam carregando um defunto segundo os costumes seguidos na Índia. Em verdade, não era um defunto, e sim alguns travesseiros juntos, mas os quais eles conseguiram fazer parecer o corpo de uma pessoa. Assim, Aurangzeb perguntou: – Quem morreu?

E eles responderam: – A música. E foi você quem a assassinou.

– É bom que ela tenha morrido – disse Aurangzeb. – Agora, façam-me a gentileza – façam uma cova tão profunda quanto possível, de modo que ela jamais consiga sair do túmulo outra vez. – Os milhares de músicos e suas lágrimas não comoveram Aurangzeb nem um pouco – ele achava que estava fazendo algo "sagrado".

A música é rejeitada pelos muçulmanos. Por quê? Porque a música era tocada no Oriente principalmente por mulheres. No Oriente, o significado da palavra *prostituta* é diferente. No Ocidente, a prostituta vende o corpo. No Oriente, no passado, a prostituta não vendia o corpo; ela vendia sua genialidade, sua dança, sua música, sua arte.

Você ficará surpreso ao saber que todo rei indiano costumava providenciar para que seus filhos, que se tornariam seus sucessores, fossem morar com as grandes prostitutas durante alguns anos. Eles eram enviados para aprender etiqueta, galhardia, música, sutilezas da dança – pois o rei deveria ser rico em tudo. Ele deveria ser capaz de entender o belo, a lógica, as boas maneiras. Essa havia sido a velha tradição indiana.

Os muçulmanos romperam a tradição. Para eles, a música era contrária à religião. Por quê? Porque, para aprender música, você tinha que entrar na casa de uma prostituta. Os muçulmanos eram profundamente contrários a qualquer tipo de prazer, e a casa da prostituta era cheia de riso, de cantoria, de música, de dança. Eles simplesmente a proibiram: nenhum muçulmano podia entrar num lugar em que houvesse música; ouvir música era pecado.

E a mesma coisa tem sido feita por várias religiões – por diferentes motivos; mas o que todas elas têm feito é tolher a riqueza do espírito humano. E seu ensino fundamental estabelece que você precisa renunciar ao dinheiro.

É fácil entender a lógica disso. Se você não tem dinheiro, você não pode ter nada. Em vez de cortarem galhos, elas cortaram as próprias raízes. O homem sem dinheiro passa fome, torna-se mendigo, fica sem roupa. Não se pode esperar que ele tenha tempo para conhecer Dostoievski, Nijinsky, Bertrand Russell, Albert Einstein, não; isso é impossível.

Todas as religiões juntas têm tornado o homem tão pobre quanto possível. Elas condenaram tanto o dinheiro, e preconizaram tanto a pobreza, que, para mim, elas são os maiores criminosos que o mundo já conheceu.

Veja o que Jesus diz: é mais fácil um camelo passar pelo buraco de uma agulha do que um rico entrar no reino do céu. Você acha que esse homem é louco? Ele acha perfeitamente possível que um camelo passe pelo buraco de uma agulha – o que parece absolutamente impossível; porém, mesmo essa impossibilidade aceita por ele pode tornar-se possível. Mas um rico entrar no Paraíso? Para as religiões, essa é uma impossibilidade ainda maior; não há como torná-la possível.

A riqueza é condenada, o dinheiro é condenado. O mundo fica dividido em duas partes. Noventa e oito por cento das pessoas vivem na pobreza, mas com um grande consolo, o de que onde as pessoas ricas não poderão entrar, aquelas serão recebidas por anjos tocando harpas: "Aleluia... Bem-vindos!" E com o de que os 2% delas, de ricos, vivem sob o peso de uma culpa enorme, por serem ricos.

Por causa da culpa, eles não conseguem desfrutar de sua riqueza, e estão profundamente receosos: talvez não lhes seja permitido entrar no Paraíso. Com isso, eles ficam num dilema. As riquezas lhes criam um sentimento de culpa – eles não serão consolados porque não estão penitenciando-se – não lhes será permitido entrar no Paraíso porque eles estão tendo muitas coisas na Terra. Eles serão lançados no Inferno.

Por causa dessa situação, o rico vive num estado de intenso receio. Mesmo que ele desfrute a vida, ou tente desfrutar as coisas da vida, sua culpa envenena tudo. É possível que ele esteja fazendo amor com uma bela mulher, mas é apenas o corpo que está fazendo amor. Seu pensamento está ocupado com o Paraíso, onde os camelos conseguem entrar, enquanto ele fica do lado de fora, e não há como entrar. Ora, esse homem consegue mesmo fazer amor? Talvez ele esteja comendo a melhor comida possível, mas não consegue saboreá-la. Ele sabe que esta vida é curta e que, depois dela, tudo é escuridão e fogo do Inferno. Ele vive, pois, como paranóico.

O pobre já está vivendo no Inferno, mas com um consolo. Você se surpreenderá em saber que, nos países pobres, as pessoas são mais felizes que nos países ricos. Vi as pessoas mais pobres da Índia livres de qualquer tipo de insatisfação. E os americanos ficam rodando o mundo à procura de orientação espiritual – isso é natural, pois eles não querem ser vencidos por camelos; eles querem passar pelos portões do Paraíso. Querem achar algum meio, um pouco de ioga, de exercícios, como compensação.

O mundo inteiro voltou-se contra si mesmo.

Talvez eu seja a primeira pessoa que respeita o dinheiro, a riqueza, pois ele é capaz de tornar a pessoa multidimensionalmente rica.

O pobre não é capaz de entender Mozart, o faminto não pode entender Michelangelo, o mendigo nem olha para os quadros de Vincent van Gogh. E as pessoas que passam fome não têm dinheiro suficiente para tornar a si mesmas inteligentes. A inteligência vem somente quando você tem abundância de energia em si – e aquelas pessoas se cansam apenas com seu ganha-pão. Elas não têm inteligência; não podem entender *Os Irmãos Karamazov*; a única coisa que podem fazer é ouvir na igreja a ladainha de um desses padres estúpidos.

Nem o padre entende aquilo do que fala, nem a audiência. A maioria dorme um sono profundo, cansada depois de seis dias de trabalho. E o padre acha muito conveniente que todos permaneçam adormecidos, de modo que ele não precise preparar outro sermão. Ele pode continuar a fazer sempre o mesmo sermão. Todos estão adormecidos; ninguém descobrirá que ele está apenas enganando a todos.

A riqueza é tão importante quanto a bela música, a literatura sublime, as obras-primas da arte.

Há pessoas que têm talento nato para a música. Mozart começou a tocar música sublime aos 8 anos de idade. Nessa mesma idade, outros grandes mestres da música não chegavam nem aos pés dele. Mas Vincent van Gogh também nasceu com a criatividade na alma. Ele foi filho de um homem pobre, que trabalhava numa mina de carvão. Ele jamais foi educado, jamais conheceu uma escola artística, mas se tornou um dos maiores pintores do mundo.

Apenas alguns dias atrás, vi uma fotografia de um de seus quadros. Por causa desse quadro, todos os pintores riram dele; e o que dizer a respeito dos outros? – pois ele havia pintado estrelas de uma maneira que ninguém tinha visto antes: como nebulosas, com cada estrela em movimento, como uma roda girando continuamente. Quem tinha visto estrelas dessa forma?

Até mesmo os outros pintores diziam: "Você está enlouquecendo – essas coisas não são estrelas!" Além disso, as árvores que ele pintava sob as estrelas pareciam mais altas que elas. As estrelas devem ficar a grande distância, mas suas árvores se estendiam bastante céu acima. Ora, quem já viu árvores assim? Isso é pura loucura!

Mas, alguns dias atrás, vi uma fotografia desse tipo. Agora os físicos descobriram que Van Gogh estava certo: as estrelas não são bem o que parecem; elas são exatamente como Van Gogh as pintara. Pobre Van Gogh! Que olhos esse homem não deve ter tido, para ver aquilo que os físicos levaram um século para descobrir, com todos os seus grandes laboratórios e avançada tecnologia. E Vincent van Gogh, por estranho que pareça, apenas a olho nu entendeu a natureza exata das estrelas. Elas estão sempre girando; elas são derviches rodopiantes; elas não ficam paradas no espaço, como os seus olhos as vêem.

E quando lhe perguntaram sobre as árvores: – De onde você tirou essas árvores, que se estendem acima das estrelas? Ele respondeu: – São árvores ao lado das quais eu me sentei e lhes fiquei ouvindo as ambições. Ouvi as árvores me dizerem que elas são as ambições da Terra tentando alcançar as estrelas.

Talvez sejam necessários mais alguns anos para que os cientistas descubram que, certamente, as árvores são as ambições da Terra. Uma coisa é certa: as árvores lutam contra a gravidade. A Terra lhes permite lutar contra a gravidade – apoiando-as, ajudando-as. Talvez a Terra queira estabelecer algum tipo de comunicação com as estrelas. A Terra tem vida, e a vida sempre quer elevar-se, elevar-se e elevar-se. Não há limite para as suas aspirações. Como os pobres entenderão isto? Eles não têm inteligência.

Assim como há poetas natos, pintores natos, gostaria que vocês se lembrassem de que há criadores de riqueza natos. Eles jamais foram admirados. Nem todos são um Henry Ford, nem podem ser.

Henry Ford nasceu pobre e tornou-se o homem mais rico do mundo. Ele deve ter tido algum tipo de talento, algum gênio para multiplicar dinheiro, gerar riqueza. E isso é muito mais difícil do que criar um quadro, ou música, ou poesia. Gerar riqueza não é tarefa fácil. Henry Ford deveria ser tão elogiado quanto qualquer mestre da música, da literatura, da poesia – aliás, ele deveria ser mais elogiado que eles, pois, com o dinheiro dele, toda poesia, e toda música, e todas as esculturas do mundo podem ser adquiridas.

Eu respeito o dinheiro. O dinheiro é uma das grandes invenções do homem. É apenas um meio. Somente os idiotas o têm condenado; talvez invejosos com o fato de que os outros tenham dinheiro e eles não. Mas sua inveja tornou-se sua própria condenação.

> Assim como há poetas natos, pintores natos, eu gostaria que vocês se lembrassem de que há criadores de riqueza natos. Eles jamais foram admirados.

O dinheiro não é nada senão um meio científico de estabelecer uma relação de trocas. Antes de o dinheiro existir, as pessoas enfrentavam grandes dificuldades. Em todo o mundo, predominava um sistema de trocas. Você tem uma vaca e quer adquirir um cavalo. Isso será para você uma tarefa de uma vida inteira... Você precisa achar uma pessoa que queira vender um cavalo e que, ao mesmo tempo, queira comprar uma vaca. Tarefa muito difícil! Talvez você ache pessoas que tenham cavalos, mas que não estejam interessadas em comprar vacas. Talvez você ache pessoas que estejam interessadas em comprar vacas, mas que não têm cavalos.

Essa era a situação das pessoas antes de o dinheiro existir. Naturalmente, as pessoas eram fadadas à pobreza: elas não podiam vender coisas, não podiam comprar coisas. Situação muito ruim. O dinheiro tornou tudo muito simples. A pessoa que quer comprar uma vaca não precisa procurar a pessoa que quer comprar o cavalo dela. Ela pode simplesmente vender a vaca, pegar o dinheiro e achar a pessoa que queira vender um cavalo, mas que não esteja interessada em vacas.

O dinheiro se tornou o meio de trocas; o sistema de trocas desapareceu da face do mundo. O dinheiro prestou um grande serviço à humanidade – e, já que as pessoas se tornaram capazes de comprar, vender, elas se tornaram, naturalmente, cada vez mais ricas.

Isso precisa ser entendido. Quanto mais dinheiro circula, mais dinheiro você tem. Por exemplo, se eu tenho um dólar...

> Gerar riqueza não é tarefa fácil. Henry Ford deveria ser tão elogiado quanto qualquer mestre da música, da literatura, da poesia – aliás, ele deveria ser mais elogiado que eles, pois, com o dinheiro dele, toda poesia, e toda música, e todas as esculturas do mundo podem ser adquiridas.

É apenas um exemplo; eu não tenho um dólar, não tenho nem mesmo um centavo comigo – não tenho nem bolsos! Às vezes, fico preocupado: se eu ganhar um dólar, onde o porei? Por exemplo, se tenho um dólar e o fico guardando comigo, então, neste auditório, haverá apenas um dólar. Mas, se compro algo, e o dólar passa

Quatro Questões 191

às mãos de outrem, eu percebo o valor do dólar, e me alegro nisso. Não se pode comer dólares; como você pode desfrutá-lo apenas guardando-o? Você só pode desfrutar-lhe o valor gastando-o. Eu lhe desfruto o valor, e o dólar alcança as mãos de outrem. Agora, se a pessoa guardá-lo, então haverá apenas dois dólares – um de seu valor eu desfrutei, e o outro está com um avarento que só pensa em guardá-lo.

Mas, quando ninguém é avarento, e todos movimentam o dólar tão rapidamente quanto possível – se forem três mil pessoas, três mil dólares terão sido gastos, usufruídos. Isso é apenas uma única movimentação. Façam-se outras movimentações, e haverá mais dólares. Não está entrando nada – há, em verdade, apenas um dólar em circulação – mas, com sua movimentação, ele vai se multiplicando.

É por isso que o dinheiro é chamado de moeda corrente – e ele deveria ser mesmo uma correnteza. É como vejo as coisas, e não sei vê-las de outra forma. Dinheiro não deve ser guardado. Assim que o ganhar, gaste-o! Não perca tempo, pois, com essa perda de tempo, você impede que o dólar cresça, que se multiplique mais e mais.

> O dinheiro é uma invenção magnífica. Ele torna as pessoas mais ricas, permite que elas tenham coisas que elas não possuem. Mas todas as religiões têm sido contra ele.

O dinheiro é uma invenção magnífica. Ele torna as pessoas mais ricas, permite que elas tenham coisas que elas não possuem. Mas todas as religiões têm sido contra ele. Elas não querem que a humanidade seja rica nem que a humanidade seja inteligente, pois, se as pessoas forem inteligentes, quem lerá a Bíblia?

As religiões jamais quiseram que o homem fosse inteligente, jamais quiseram que o homem fosse rico, jamais quiseram que o homem se ale-

> Abandone todas as idéias sobre dinheiro que lhe têm sido impostas. Respeite o dinheiro. Gere riquezas, pois, somente depois de gerar riquezas, muitas outras dimensões se abrem para você.

grasse, pois as pessoas sofredoras, pobres, estúpidas – elas são clientes de igrejas, de sinagogas, de templos, de mesquitas.

Jamais fui a um local religioso. Por que eu deveria ir? Se o local religioso quiser ter um gostinho de religião, ele precisará vir a mim. Não vou a Meca; Meca é que tem de vir a mim! Não vou a Jerusalém; não sou louco – um pouco doido, mas louco não. E quando criamos um lugar de alegria, e de riso, e de amor, aqui, que haverá em Israel? Nós criamos a Nova Israel.

Abandone todas as idéias sobre dinheiro que lhe têm sido impostas. Respeite o dinheiro. Gere riquezas, pois, somente depois de gerar riquezas, muitas outras dimensões se abrem para você.

CRIAÇÃO

O Fundamento da Criatividade, O Sentido da Vida

A vida, em si, não tem sentido. A vida é uma oportunidade para que se dê sentido a ela. O sentido da vida não tem que ser descoberto: ele tem que ser criado. Você achará sentido na vida somente se você criá-lo. Ele não está escondido atrás de arbustos, de forma que você possa ir, procurar um pouco e achá-lo. Ele não está lá fora, como uma rocha, para ser achado. Ele é um poema a ser composto, é uma canção a ser entoada, uma dança a ser dançada.

O sentido da vida é a dança, não a rocha. É a música. Você o achará somente se criá-lo. Lembre-se disso.

Milhões de pessoas estão levando vidas sem sentido por causa da idéia absolutamente estúpida de que o sentido das coisas tem que ser descoberto. É como se esse sentido já estivesse em algum lugar. Como se tudo que você precisasse fazer fosse abrir as cortinas e... ei-lo! Lá está o sentido de tudo. Não é assim.

Portanto, lembre-se: o iluminado acha o sentido da vida porque ele o cria. Eu o achei porque o criei. Deus não é uma coisa, mas uma criação. E somente os que criam algo acham algo. É bom que o sentido da vida não esteja em algum lugar por aí, pois, do contrário, alguém o teria achado – nesse caso, qual seria a necessidade de as outras pessoas descobrirem o sentido da vida?

Você não consegue entender o significado da religião e o da ciência? Albert Einstein descobriu a teoria da relatividade; ora, você também precisa descobri-la agora e sempre? Qual o sentido disso? Alguém já fez isso; ele lhe deu o roteiro pronto. Talvez ele tenha levado anos para fazer isso, mas, para você entender isso, precisará de algumas horas. Você pode ir à universidade e aprender.

O Buda também descobriu algo; Zoroastro também descobriu algo, mas não foi algo como a descoberta de Albert Einstein. Não é o caso também de você ter que simplesmente seguir os ensinamentos de Zoroastro e seu roteiro para achar o sentido da vida – assim, você jamais o achará. Você mesmo terá que ser um Zoroastro. Veja a diferença!

Para entender a teoria da relatividade, você não precisa tornar-se um Albert Einstein, não. Você precisa ser uma pessoa de inteligência mediana, apenas isso. Se não for muito embotado, você a entenderá.

Mas, para entender o ponto de vista de Zoroastro, você precisa tornar-se um Zoroastro – menos do que isso não basta. Você tem que recriá-lo. E toda pessoa tem que trazer à luz o próprio Deus, o sentido da vida, a verdade; toda pessoa tem que se pejar dele e sofrer as dores do parto. Todos têm que carregá-lo no útero, alimentá-lo com o próprio sangue, pois, somente assim eles o descobrem à luz do mundo.

Se você não consegue ver sentido na vida, você deve estar aguardando passiva-

>
>
> Milhões de pessoas estão levando vidas sem sentido por causa da idéia absolutamente estúpida de que o sentido das coisas tem que ser descoberto. É como se esse sentido já estivesse em algum lugar. Como se tudo que você precisasse fazer fosse abrir as cortinas e... ei-lo! Lá está o sentido de tudo. Não é assim.

mente a chegada dele...ele não chegará nunca. Essa tem sido a mentalidade dos seguidores das religiões do passado; a de que o sentido da vida já está em algum lugar. Não está! A liberdade existe para que o criemos; a energia existe para que o criemos. O campo aguarda as mãos operosas para a semeadura e a colheita. Tudo está lá, à disposição – mas o sentido da vida tem que ser criado. É por isso que criá-lo é tão satisfatório, aventuroso, extasiante.

Portanto, a primeira coisa: a religião tem que ser criada. Até agora, a religião se manteve muito passiva, quase impotente. Não se pode esperar que o homem religioso seja criativo. Dele, pode-se esperar apenas que jejue, isole-se numa caverna, madrugue, entoe mantras... e algum tipo de estupidez como essas. E você simpatiza com isso! O que ele está fazendo? E você o elogia por ele estar sempre fazendo longos jejuns. Talvez ele seja um masoquista, talvez goste de se torturar. Ele fica lá na caverna num frio gélido, nu, e você o admira.

Mas qual o sentido, qual o valor disso? Todos os animais do mundo ficam nus na inclemência de um frio gélido – e eles não são santos. Ou, quando faz calor, ele se senta sob o sol escaldante, e você o admira. Você diz: "Vejam! Eis aqui um grande asceta." Mas o que ele está fazendo? Que contribuição ele está dando ao mundo? Que beleza ele acrescentou ao mundo? Ele transformou o mundo um pouco que seja? Ele o tornou um pouco mais doce, mais perfumado? Não, você não se pergunta isso.

As coisas da vida não estão prontas, à disposição de quem as queira. Você leva a vida que você mesmo cria; você obtém da vida aquilo que põe nela. Primeiro, você precisa enchê-la de sentido. Você precisa dar-lhe cor, música, poesia; você precisa ser criativo. Somente assim você estará vivo.

Mas vou lhe dizer: isso tem que ser questionado. Elogie uma pessoa por ela ter criado uma canção. Elogie uma pessoa por ela ter criado uma bela escultura. Elogie uma pessoa por ela tocar flauta bem. Faça que, daqui por diante, as coisas feitas por essas pessoas sejam tidas como qualidades religiosas. Elogie um homem por ele ser um bom amante – amor é religião. Elogie uma pessoa pelo fato de, por intermédio dela, o mundo estar se tornando melhor.

Esqueça todas essas coisas estúpidas, como jejum e isolar-se numa caverna, torturar-se, ou deitar-se numa cama de pregos. Elogie uma pessoa por ela ter cultivado belas rosas; por causa dela, o mundo ficou mais belo. Com isso, você achará o sentido da vida. O sentido da vida provém da criatividade. A religião precisa tornar-se mais poética, mais estética.

E ainda uma segunda coisa: às vezes, acontece de você procurar o sentido da vida por ter chegado a alguma conclusão. Com base nessa conclusão, você o procura – você já se imbuiu de uma preconcepção do sentido da vida, ou daquele que acha que deve existir – e, assim, você não o acha.

A indagação tem que ser pura. Que quero dizer com isso? Quero dizer que não deve haver conclusão. Não deve haver nenhum julgamento *a priori* nela. Que sentido da vida você está procurando? Se já chegou à conclusão de que você está procurando um sentido da vida específico, você não o achará – pois, desde o começo, sua indagação está corrompida, sua indagação é impura. Você já decidiu qual é o sentido da vida.

> Elogie uma pessoa por ela ter criado uma bela escultura. Elogie uma pessoa por ela tocar flauta bem. Faça que, daqui por diante, as coisas feitas por essas pessoas sejam tidas como qualidades religiosas.

Por exemplo, um homem vem ao meu jardim e acredita que, somente se ele achar um diamante lá, o jardim pode ser considerado belo... E ele não acha o diamante; assim, ele diz que não há sentido no jardim. No jardim, há muitas flores graciosas, e muitos pássaros a cantar, e muitas cores, e o vento a soprar através dos pinheiros, e o musgo nas pedras. Mas ele não consegue ver nenhum sentido nele, pois uma idéia lhe domina a mente – ele tem que achar o diamante, um Kohinoor; somente então, o jardim terá sentido. Ele não vê o sentido dele por causa da idéia que tem na mente.

Faça com que suas indagações sejam puras. Não aja com nenhuma idéia fixa; vá nu e desarmado. Vá aberto e vazio. E você achará não apenas um, mas mil e um sentidos. Então, cada coisa se tornará significativa. Uma simples pedra colorida brilhando aos raios de sol... ou uma gota de orvalho criando um pequeno arco-íris em torno de si... ou uma simples florinha dançando ao vento... que sentido você está procurando?

Não inicie a procura de algo com uma conclusão, pois, do contrário, você terá começado equivocamente desde o princípio. Prossiga sem conclusões! É isso o que quero dizer quando o aconselho sempre a prosseguir desprovido de conhecimentos se quiser achar a verdade. A pessoa douta jamais a encontra; seu conhecimento é a barreira que a impede de conseguir isso.

Goldstein jamais havia assistido a um espetáculo teatral. Como presente de aniversário, seus filhos decidiram presenteá-lo com uma entrada.

Na noite depois do espetáculo, eles foram visitá-lo e lhe perguntaram entusiasmados o que ele havia achado da peça.
— Ah – ele respondeu –, um monte de asneiras. Quando ela queria, ele não queria. E quando ele queria, ela não queria. E, quando ambos quiseram, baixaram-se as cortinas!

> Não aja com nenhuma idéia fixa; vá nu e desarmado. Vá aberto e vazio. E você achará não apenas um, mas mil e um sentidos.

Ora, quando você tem uma idéia fixa, você fica procurando somente por ela, somente por ela... E, por causa dessa estreiteza mental, tudo que se lhe apresenta aos olhos passa despercebido. O sentido das coisas tem que ser criado. E o sentido de tudo tem que ser procurado sem conclusões antecipadas. Quando você se torna capaz de abandonar o conhecimento adquirido, a vida se torna inesperadamente colorida – ela se torna psicodélica. Mas você está sempre carregando o fardo de suas escrituras, livros, teorias, doutrinas, filosofias... você está perdido em meio a tudo isso. E tudo se tornou misturado, confuso, e você não consegue lembrar-se nem mesmo do que é o que.

Sua mente é lixo e confusão. Limpe-a! Torne-a uma tela em branco. A mente vazia é a melhor mente. E as pessoas que lhe têm dito que a mente vazia é a porta de acesso a demônios são os próprios agentes do diabo. A mente vazia está mais próxima de Deus do que qualquer outra coisa. A mente vazia não é a oficina do diabo. Ele não pode agir onde não há pensamentos. Com o vazio, o diabo não pode fazer absolutamente nada. Ele não tem acesso ao vazio.

Muitos pensamentos na mente, confusos; nada parece claro; você tem ouvido muitas coisas de muitas fontes – sua mente é um monstro! E você fica tentando lembrar-se das coisas; e as pessoas lhe têm dito que se lembre delas: "Não se esqueça!" E, naturalmente, o fardo é tanto, que você não consegue lembrar-se das coisas. Muitas delas foram esquecidas. Outras muitas foram imaginadas e acrescentadas àquelas por sua conta.

Criação

Um inglês em visita aos Estados Unidos compareceu a um banquete e ouviu o mestre-de-cerimônias fazer o seguinte brinde: — Ao período mais feliz de minha vida: Passado nos braços da esposa de outro homem – minha mãe.

"Por Júpiter, isso é ótimo", pensou o inglês consigo mesmo. "Preciso lembrar-me de usar isso em meu país."

Algumas semanas depois, quando tinha voltado para a Inglaterra, ele participava de um almoço de confraternização de sua igreja, quando lhe pediram que fizesse um brinde. Com voz retumbante, ele se dirigiu ao ambiente lotado:

— Ao período mais feliz de minha vida: passado nos braços da esposa de outro homem...

Depois de longa pausa, os assistentes começaram a mostrar-se inquietos, fitando o interlocutor com indignação. O amigo do interlocutor, sentado ao lado dele, murmurou-lhe ao ouvido: — Seria melhor você se explicar o mais rápido possível.

— Por Júpiter – disse o interlocutor, estabanado –, vocês terão que me desculpar. Esqueci o nome da maldita mulher.

Isso tem acontecido. Você se lembra disto – "Platão disse isso." E se lembra daquilo – "Lao-tsé disse aquilo." E você se lembra também do que Jesus disse, e daquilo que Maomé disse... você se lembra de muitas coisas, e todas elas se misturaram em sua mente, e você nunca disse algo por si mesmo. A menos que você diga algo por si mesmo, você não verá o sentido das coisas que diz.

Deixe de lado o conhecimento e torne-se mais criativo. Lembre-se: o conhecimento é adquirido – não é necessário ser criativo em relação a ele; você precisa apenas lhe ser receptivo. E foi isso que o homem se tornou: o homem está reduzido à condição de espectador. Ele lê os jornais, lê a Bíblia, e o Alcorão, e os Upanixades; ele vai ao cinema, senta-se numa cadeira e assiste filmes; ele vai à partida de futebol, ou senta-se diante da TV, ouve rádio...e assim por diante. Durante 24 horas por dia, ele se mantém numa espécie de inatividade, na condição de mero espectador. As outras pessoas ficam fazendo coisas, e ele permanece como simples assistente do que elas fazem.

Você não achará sentido nas coisas da vida como mero espectador. Você pode assistir a mil e um amantes fazer amor, que não saberá o que é amor – você não saberá o que é aquela explosão orgásmica apenas observando-os. É necessário que você se torne participante – o sentido das coisas vem pela participação. Participe da vida! Participe dela tão intensamente, tão plenamente quanto possível. Arrisque tudo pela participação da vida. Se quiser saber o que é dança, não vá ver a apresentação de um dançarino – aprenda a dançar, seja um dançarino. Se quiser saber qualquer coisa, participe dela! Esse é o caminho correto, verdadeiro, autêntico, para conhecer algo. Assim, haverá grande sentido em sua vida – e não apenas sentido unidimensional, mas também multidimensional. Você ficará sob uma chuva de sentidos.

A vida tem que ser multidimensional; somente assim, ela tem sentido. Jamais torne a vida unidimensional. Isso também é problemático. Alguém se torna engenheiro e, então, ele acha que tudo está terminado e se identifica com o fato de

> O sentido das coisas vem pela participação. Participe da vida! Participe dela tão intensamente, tão plenamente quanto possível. Arrisque tudo pela participação da vida. Se quiser saber o que é dança, não vá ver a apresentação de um dançarino – aprenda a dançar, seja um dançarino. Se quiser saber qualquer coisa, participe dela.

ser engenheiro. Desse modo, durante toda a vida, ele continua a ser engenheiro...e havia muitas possibilidades a lhe sorrir, mas ele se move apenas por um caminho. E se enfastia, se enche da vida. Cansa-se, enoja-se. E vai se arrastando pelos dias, enquanto tudo que espera da vida é a morte. Que sentido a vida pode ter para ele?

Tenha mais interesses na vida. Não seja sempre um homem de negócios; divirta-se um pouco também. Não seja apenas médico ou engenheiro, ou reitor, ou professor – seja quantas coisas lhe forem possíveis! Jogue cartas, toque violino, cante; seja fotógrafo amador, poeta.... Descubra na vida quantas coisas lhe forem possíveis, e, assim, você terá riqueza moral e espiritual. O sentido da vida é um subproduto dessa riqueza.

Contaram-me, certa vez, uma história muito significativa a respeito de Sócrates:

> Sócrates, enquanto aguardava a execução da sentença de morte na prisão, era perseguido por uma voz em seus sonhos, que o exortava: "Sócrates, faça música!" O velho prisioneiro achava que sempre beneficiara a arte com a sua filosofia. Mas, então, estimulado por aquela voz misteriosa, ele transformou fábulas em versos, compôs um hino a Apolo e tocou flauta.
>
> Diante da morte, a filosofia e a música deram-se brevemente as mãos, e Sócrates sentiu-se tão feliz como nunca antes havia se sentido.

Ele jamais tinha tocado flauta. Mas, dentro dele, algo insistia: "Sócrates, faça música!" E bem às portas da morte! Parecia muito ridículo. E ele jamais havia tocado algo, jamais tinha feito música. Uma parte do seu ser tinha ficado sufocada – sim, mesmo um homem como Sócrates continuava a ser unidimensional. A parte renegada insistia: "Basta de lógica – um pouco de música será bom, trará equilíbrio. Chega de argumentação – toque flauta." E a voz era tão insistente, que acabou cedendo-lhe às rogativas.

Seus discípulos devem ter ficado confusos. "Ele enlouqueceu? Sócrates tocando flauta?" Mas, para mim, isso é muito significativo. Talvez a música não tivesse sido de boa qualidade, pois ele jamais havia tocado um instrumento. Absolutamente amadora, pueril, ela deve ter sido – mas, mesmo assim, algo foi atendido, algo foi interligado. Ele não era mais preconceituoso. Talvez pela primeira vez na vida, ele foi espontâneo. Pela primeira vez, ele havia feito algo ao qual não podia dar explicação. Em outras situações, ele tinha sido um homem racional.

Numa noite dessas, eu estava lendo uma história sobre o grande místico hassidista Baal Shem Tov:

Era feriado, e os hassidistas se haviam reunido para orar e celebrar a comunhão – *satsang* – com o mestre. Então, veio até eles um homem com seu filho retardado. Ele ficou um pouco preocupado com o filho, pois ele poderia fazer algo; assim, ele ficou de olho no menino. Quando as orações terminaram, o menino perguntou ao pai: – Eu trouxe o apito comigo. Posso tocá-lo?

O pai respondeu: – De jeito nenhum. Onde está o apito? – Ele ficou receoso, pois talvez o menino não lhe obedecesse. O menino mostrou ao pai onde estava o apito, no bolso, e o pai ficou de olho no bolso do menino. Em seguida, veio a dança, e o pai e ele começaram a dan-

Deixe que ela tenha momentos inexplicáveis. Deixe que ela tenha algumas coisas misteriosas, para as quais você não tem explicação. Deixe que ela tenha algumas atitudes em razão das quais as pessoas achem que você é meio louco.

çar também. Os hassidistas gostavam de dançar, eram pessoas alegres – a nata do judaísmo, a verdadeira essência do judaísmo estava neles, com esses simpáticos loucos.

De repente, quando todos oravam a Deus e dançavam, o menino não conseguiu resistir mais. Ele pegou o apito e começou a tocá-lo. Todos ficaram chocados! Mas Baal Shem interveio, abraçou o menino e disse: – Nossas preces foram ouvidas. Sem este apito, tudo era em vão. Isto foi a única coisa espontânea aqui. O resto é ritual.

Não deixe que sua vida se torne um ritual morto. Deixe que ela tenha momentos inexplicáveis. Deixe que ela tenha algumas coisas misteriosas, para as quais você não tem explicação. Deixe que ela tenha algumas atitudes em razão das quais as pessoas achem que você é meio louco. A pessoa cem por cento sã está morta. Um pouco de loucura espontânea é sempre motivo de grande alegria. Faça sempre algumas coisas loucas também. Assim, o sentido das coisas será possível.

SOBRE OSHO

Osho desafia categorizações. Suas milhares de palestras abrangem desde a busca individual por significado até os problemas sociais e políticos mais urgentes que a sociedade enfrenta hoje. Seus livros não são escritos, mas transcrições de gravações em áudio e vídeo de palestras proferidas de improviso a plateias de várias partes do mundo. Em suas próprias palavras, "Lembrem-se: nada do que eu digo é só para você... Falo também para as gerações futuras".

Osho foi descrito pelo Sunday Times, de Londres, como um dos "mil criadores do século XX", e pelo autor americano Tom Robbins como "o homem mais perigoso desde Jesus Cristo". O jornal Sunday Mid-Day, da Índia, elegeu Osho - ao lado de Buda, Gandhi e o primeiro-ministro Nehru - como uma das dez pessoas que mudaram o destino da Índia.

Sobre sua própria obra, Osho afirmou que está ajudando a criar as condições para o nascimento de um novo tipo de ser humano. Muitas vezes, ele caracterizou esse novo ser humano como "Zorba, o Buda" - capaz tanto de desfrutar os prazeres da terra, como Zorba, o Grego, como de desfrutar a silenciosa serenidade, como Gautama, o Buda.

Como um fio de ligação percorrendo todos os aspectos das palestras e meditações de Osho, há uma visão que engloba tanto a sabedoria perene de todas as eras passadas quanto o enorme potencial da ciência e da tecnologia de hoje (e de amanhã).

Osho é conhecido pela sua revolucionária contribuição à ciência da transformação interior, com uma abordagem de meditação que leva em conta o ritmo acelerado da vida contemporânea. Suas singulares meditações ativas **OSHO** têm por objetivo, antes de tudo, aliviar as tensões acumuladas no corpo e na mente, o que facilita a experiência da serenidade e do relaxamento, livre de pensamentos, na vida diária.

Dois trabalhos autobiográficos do autor estão disponíveis:

Autobiografia de um Místico Espiritualmente Incorreto, publicado por esta mesma Editora.

Glimpses of a Golden Childhood (Vislumbres de uma Infância Dourada).

OSHO International Meditation Resort

Localização
Localizado a cerca de 160 quilômetros a sudeste de Mumbai, na florescente e moderna cidade de Puna, Índia, o **OSHO** International Meditation Resort é um destino de férias diferente. Estende-se por 28 acres de jardins espetaculares numa bela área residencial cercada de árvores.

OSHO Meditações
Uma agenda completa de meditações diárias para todo tipo de pessoa, segundo métodos tanto tradicionais quanto revolucionários, particularmente as Meditações Ativas **OSHO®**. As meditações acontecem no Auditório **OSHO**, sem dúvida o maior espaço de meditação do mundo.

OSHO Multiversity
Sessões individuais, cursos e *workshops* que abrangem desde artes criativas até tratamentos holísticos de saúde, transformação pessoal, relacionamentos e mudança de vida, meditação transformadora do cotidiano e do trabalho, ciências esotéricas e abordagem "Zen" aos esportes e à recreação. O segredo do sucesso da **OSHO** Multiversity reside no fato de que todos os seus programas se combinam com a meditação, amparando o conceito de que nós, como seres humanos, somos muito mais que a soma de nossas partes.

OSHO Basho Spa
O luxuoso Basho Spa oferece, para o lazer, piscina ao ar livre rodeada de árvores e plantas tropicais. Jacuzzi elegante e espaçosa, saunas, academia, quadras de tênis... tudo isso enriquecido por uma paisagem maravilhosa.

Cozinha
Vários restaurantes com deliciosos pratos ocidentais, asiáticos e indianos (vegetarianos) a maioria com itens orgânicos produzidos especialmente para o Resort **OSHO** de Meditação. Pães e bolos são assados na própria padaria do centro.

Vida noturna
Há inúmeros eventos à escolha - com a dança no topo da lista! Outras atividades: meditação ao luar, sob as estrelas, shows variados, música ao vivo e meditações para a vida diária. Você pode também frequentar o Plaza Café ou gozar a tranquilidade da noite passeando pelos jardins desse ambiente de contos de fadas.

CRIATIVIDADE

Lojas
Você pode adquirir seus produtos de primeira necessidade e toalete na Galeria. A **OSHO** Multimedia Gallery vende uma ampla variedade de produtos de mídia **OSHO**. Há também um banco, uma agência de viagens e um Cyber Café no *campus*. Para quem gosta de compras, Puna atende a todos os gostos, desde produtos tradicionais e étnicos da Índia até redes de lojas internacionais.

Acomodações
Você pode se hospedar nos quartos elegantes da **OSHO** Guesthouse ou, para estadias mais longas, no próprio *campus*, escolhendo um dos pacotes do programa **OSHO** Living-in. Há além disso, nas imediações, inúmeros hotéis e *flats*.

http://www.osho.com/meditationresort
http://www.osho.com/guesthouse
http://www.osho.com/livingin

Para maiores informações: http://www.**OSHO**.com

Um *site* abrangente, disponível em vários idiomas, que disponibiliza uma revista, os livros de Osho, palestras em áudio e vídeo, **OSHO** biblioteca *on-line* e informações extensivas sobre o **OSHO** Meditação. Você também encontrará o calendário de programas da **OSHO** Multiversity e informações sobre o **OSHO** International Meditation Resort.

Websites:
   http://**OSHO**.com/AllAbout**OSHO**
   http://**OSHO**.com/Resort
   http://**OSHO**.com/Shop
   http://www.youtube.com/**OSHO**international
   http://www.Twitter.com/**OSHO**
   http://www.facebook.com/pages/**OSHO**.International

Para entrar em contato com a **OSHO** International Foundation:
   http://www.osho.com/oshointernational
   E-mail: oshointernational@oshointernational.com

Impressão e acabamento:

tel.: 25226368